Hanteltraining
zu Hause

Werner Kieser

Hanteltraining zu Hause

Überarbeitete Auflage

Vom selben Autor ist im FALKEN Verlag erschienen:
»Leistungsfähiger durch Krafttraining« (Bd. 617).
Siehe auch die Seiten 77 bis 80.

ISBN 3 8068 0800 7

Umschlaggestaltung: Zembsch' Werkstatt, München
Titelbild: Photo-Design-Studio Gerhard Burock, Wiesbaden-Naurod
Fotos: Werner Kieser, Zürich; Ruth Vögtlin, Zürich
Die in diesem Buch enthaltenen Übungen werden von Thomas Nock,
Zürich, vorgeführt.
Satz: H. G. Gachet & Co., 6070 Langen
Druck: Wiesbadener Graphische Betriebe GmbH, Wiesbaden

Inhalt

Vorwort

Bei den wenigsten Vorhaben stellen wir uns die Frage: Lohnt sich der Aufwand? Im Normalfall tun wir lediglich, was uns leicht fällt, was wir können. Wir gehen den Weg des geringsten Widerstandes. Erst Schwierigkeiten oder Mißerfolge auf dem beschrittenen Weg lenken unser Denken in eine neue Richtung. Sie können für viel Geld eine nutzlose Trainingsausrüstung kaufen und einen bedeutenden Teil Ihrer Lebenszeit an unproduktive Trainingsmethoden verschwenden. Sie können aber auch mit geringstem materiellem und zeitlichem Einsatz vorzügliche Resultate erzielen. Die Häufigkeit der ersten Variante hat bewirkt, daß der Nutzen, den das korrekte Krafttraining dem einzelnen und der menschlichen Gemeinschaft zu bieten hat, noch weitgehend unbekannt ist. Das Krafttraining ist ein Gebiet, in welchem sich derzeit unzählige »Theorien« tummeln. Eine kritische Grundhaltung gegenüber sämtlichen Publikationen, die dieses Feld betreffen, ist angebracht. Die Bodybuilding-Zeitschriften dienen dem Verkauf der darin angebotenen Produkte – hauptsächlich Proteinkonzentrate aus Milchpulver oder Sojamehl. Aber selbst die Wissenschaft verkommt mehr und mehr zu einer »Schreib-oder-stirb-Gesellschaft«. Kein Thema ist zu unbedeutend, als daß es sich nicht noch publizistisch verwerten ließe. Der Akademikerüberschuß zwingt den einzelnen zur Profilierung. Über immer weniger wird zunehmend mehr geschrieben.

Der Autor dieses Buches ist in der glücklichen Lage, daß er weder unter Verkaufsdruck noch unter Schreibzwang steht. Er ist der Ansicht, daß alles, was es zur Zeit über das Krafttraining mit Hanteln zu sagen gibt, auf den folgenden Seiten gesagt ist.

Wozu Krafttraining?

Im Gegensatz zur Pflanze haben wir einen »Bewegungsapparat«. Während die Pflanze sozusagen in ihrer Nahrung steckt, müssen wir uns zur Nahrung hinbewegen. Dies ist – biologisch gesehen – der Hauptzweck, dem der Bewegungsapparat und damit die Muskeln dienen. Die inneren Organe – Lunge, Herz, Nieren, Leber usw. – sind letztlich »Lieferanten« oder »Diener«, die es den Muskeln ermöglichen, ihren Zweck zu erfüllen.

Mittlerweile haben sich unsere Lebensumstände derart verändert, daß zur Nahrungsbeschaffung kaum mehr Muskelanstrengung notwendig ist. Wir nennen dies »Fortschritt«. Organe verkümmern, wenn sie nicht gebraucht werden. So auch die Muskeln. Sind keine Widerstände mehr da, setzt Atrophie – Rückbildung, Schrumpfung – ein. Unser Körper ist ein System, in welchem jedes Untersystem, jedes Organ und schließlich jede Zelle wechselseitig voneinander abhängig sind. Früher oder später greift die Muskelrückbildung auf die inneren Organsysteme über. Wenn erst einmal die Muskeln verkommen, geht bald der ganze Mensch zugrunde. Die Notwendigkeit des »Gebrauchtwerdens« besteht im übrigen nicht nur im körperlichen, sondern auch im psychosozialen Bereich. Das Phänomen des plötzlichen »Rentnertodes« kurz nach dem Ausscheiden aus dem Arbeitsleben belegt diesen Sachverhalt. Wir haben Ursache genug, uns um unsere Muskeln zu kümmern – ganz gleich, ob wir sportliche Neigungen haben oder nicht. Die Frage, ob kräftige Muskeln »schön« seien oder nicht, ist unwichtig, sobald die Bedeutung der Muskeln für die Lebensqualität des Individuums erkannt ist.

Sich besser fühlen und besser aussehen – dies ist der Zweck des Krafttrainings.

Welche Ausrüstung?

Krafttraining nach dem Vorbild des Gruppenturnens ist unzweckmäßig. Zu groß sind die individuellen Unterschiede. Was dem einen zu leicht, ist dem anderen zu schwer. Aber auch das Training im Alleingang ist keine allzu gute Idee. Ideal ist vielmehr eine Interessengemeinschaft zu zweit oder zu dritt. Aus drei Gründen: Erstens gibt es einige Übungen, bei denen die Hilfestellung eines Partners sinnvoll ist. Zweitens ist die Motivation zum Trainieren stärker, wenn die zwischenmenschliche Beziehung hineinspielt. Drittens ist eine gute Trainingsausrüstung nicht gerade billig. Die gemeinsame Anschaffung und Nutzung wäre hier die wirtschaftlichste Lösung.

Für den privaten Gebrauch gibt es keine produktiveren Geräte als die in diesem Buche gezeigten. Diese – konventionellen – Geräte waren bis vor kurzem auch in professionellen und öffentlichen Trainingsanlagen bestimmend. Sie werden heute jedoch zusehends durch eine neue Technologie aus den USA verdrängt: die »Nautilus-Maschinen« oder deren mehr oder weniger geglückte Nachahmungen. Nautilus-Maschinen funktionieren nach einem wirkungsvolleren Prinzip als herkömmliche Geräte, kommen aber wegen der hohen Anschaffungskosten für private Zwecke kaum in Betracht.

Noch ein Wort zur Trainingsbekleidung! Es hat keinen Sinn, wenn Sie sich beim Training in einen Jogging-Anzug und in Frottiertücher verpacken – es sei denn, es herrschten geradezu arktische Verhältnisse in Ihrem Trainingsraum. Achten Sie eher darauf, daß Sie das Schwitzen auf ein Minimum beschränken. Leichte Kleidung – wie zum Beispiel Turnhose und Turnhemd – ist also angebracht. Merkwürdigerweise gibt es noch keinen Trainingsanzug für das Training in Innenräumen. Die ideale Trainingskleidung für das Krafttraining weist folgende Eigenschaften auf: leichtes Baumwollmaterial, Hose knielang und mit Schnurverschluß anstelle eines Gummizugs, bequemes Oberteil mit halblangen Ärmeln. Das Oberteil sollte lang sein, damit die Mittelpartie auch bei starker Beugung des Rumpfes bedeckt bleibt.

Die Turnschuhe sollten die Beweglichkeit im Fußgelenk nicht beeinträchtigen.

Trainingsplanung

Krafttraining ist kein Sport an sich, sondern ein Mittel, die körperliche Leistungsbereitschaft zu erhöhen. Ob Sie die damit erworbene Kraft sportlich nutzen wollen oder einfach besser aussehen möchten, spielt vorerst keine Rolle. Sofern Sie korrekt trainieren, reagieren Ihre Muskeln, indem sie stärker werden. Die Muskeln »wissen« nicht, wozu sie die Widerstände überwinden müssen: Darum gibt es auch keine »unnatürliche« Muskelentwicklung. Wenn Sie Ihr Training sinnvoll pla-nen, dauert es etwa zwei Jahre, bis Sie Ihr individuelles genetisches Potential ausgeschöpft haben. Danach geht es nur noch um die Erhaltung der gewonnenen Kraft/Muskelmasse, da eine weitere Steigerung unmöglich ist. Es ist nicht sinnvoll, irgendwelche Trainingspläne zu kopieren. Nach der Lektüre dieses Handbuchs sollten Sie in der Lage sein, Ihren eigenen Trainingsplan aufzustellen und nach Bedarf zu variieren.

Wieviel Training?

Angenommen, Sie sind fähig, 100 m in 11 s (Sekunden) zu laufen. Wieviel Zeit benötigen Sie für 1 000 m? 10 x 11 s, also 110 s? Diese Zeit wird weder von Ihnen noch von irgendeinem Menschen je erreicht werden. Warum? Weil die Intensität, die notwendig ist, um 100 m in 11 s zu laufen, von Ihnen eben nur über diese 11 s aufrecht erhalten werden kann. Je länger eine Arbeit dauert, um so niedriger muß die maximal mögliche Intensität sein.

Wir erkennen hier zwei wechselseitig voneinander abhängige Faktoren: Intensität und Trainingsumfang. Welche Bedeutung kommt jedem der beiden zu? Soll man länger und dafür weniger intensiv trainieren oder umgekehrt? Oder spielt es keine Rolle?

Ziel jeden Trainings ist die »Überkompensation«, jene eigenartige Verhaltensweise lebender Systeme, auf bestimmte Einflüsse »unverhältnismäßig« zu reagieren: Hautverletzungen hinterlassen Narben, Knochenbrüche Verdickungen an der Bruchstelle, drastische Blutverluste ziehen eine Überproduktion von Blut nach sich. So auch die Muskeln: werden Sie zu ungewohnt hohen Anspannungen gezwungen, wachsen sie. Warum Systeme so reagieren, ist eine eher naturphilosophische Frage, auf die wir hier nicht eingehen können. Wichtiger ist es, aus diesem Sachverhalt die Konsequenzen für das Training abzuleiten.

Muskeln wachsen nicht während des Trainings, sondern danach. Im Training erschöpfen Sie die Muskeln, schwächen sie – und dies so tiefgreifend, daß eben eine Überkompensation provoziert wird. Wenn Sie beispielsweise täglich Ihre Liegestützen ausführen, so können Sie dies jeden Tag wiederholen – bis ans Ende Ihres Lebens –, ohne auch nur im geringsten stärker geworden zu sein. Versuchen Sie deshalb in jedem Training, die Bewegungsanzahl oder das Gewicht zu erhöhen! Dies bedeutet eine zunehmende Arbeitsintensität und bedingt einen entsprechend geringeren Trainingsumfang. Trainieren Sie eher weniger, dafür »härter«!

Dreimal pro Woche eine Stunde – also ein Wochenpensum von drei Stunden – stellt das Optimum dar. Die besten Resultate werden mit diesem Trainingsrhythmus erzielt.

Ausbreitungseffekt

Unser Körper arbeitet als Einheit und reagiert als Einheit. Wenn zum Beispiel ein Sprinter ausschließlich seine Beine im Hinblick auf Kraft trainiert, wird er nach einiger Zeit feststellen, daß auch seine übrigen Muskeln an Kraft und Masse gewonnen haben. Selbstverständlich nicht in jenem Ausmaß wie die Beinmuskulatur, jedoch in einer objektiv feststellbaren Größenordnung. Würde jemand ausschließlich die Arme trainieren, wäre ein ähnlicher Effekt, allerdings in kleinerem Ausmaß, zu verzeichnen: Brust-, Rücken- und Schultermuskeln, ja selbst die Beine würden im Sinne eines Kraftzuwachses beeinflußt. Während es praktisch unmöglich ist, die Muskeln der Arme (Bizeps/Trizeps) ohne zumindest statische Belastung der angrenzenden Muskelgruppen zu trainieren, so trifft dies beim Training der Beine nicht zu. Die Beinmuskeln können bei entsprechender technischer Einrichtung in vollem Ausmaß trainiert werden, ohne die Arme auch nur im geringsten zu belasten. Der positive Einfluß auf die Armkraft ist aber trotzdem vorhanden. *Wie* dieser Effekt zustande kommt, ist bis heute unbekannt – sein Vorhandensein hingegen unbestreitbar. Wenn also in irgendeiner Körperregion ein Kraftzuwachs erzielt wird, bedeutet das »etwas« Kraftzuwachs in allen Regionen. Der *Ausbreitungseffekt* ist um so größer, je größer die direkt trainierte Muskelmasse ist. Den stärksten Ausbreitungseffekt bringt somit das Training der Gesäß- und Oberschenkelmuskulatur. Damit ist auch die sinnvolle Reihenfolge der Übungen im Ablauf eines Programms gegeben; von den großen Muskeln zu den kleineren.

Die wichtigsten Muskeln und ihre Funktion

Die Torsomuskulatur, von vorne

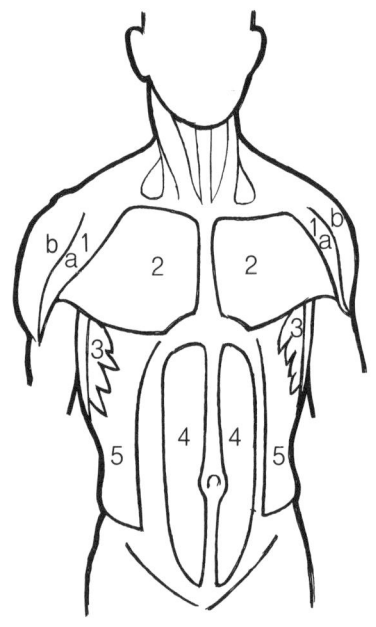

nen, ebenso den Schultergürtel;
Übungen: S. 24/25, 44/45, 46/47, 56/57

3. Sägemuskel (serratus anterior): zieht die Schulterblätter nach vorn und ermöglicht damit ein Heben des Armes über die Horizontale hinaus;
Übungen: S. 24/25, 44/45

4. gerader Bauchmuskel (rectus abdominis): nähert den Brustkorb dem Becken;
Übungen: S. 22/23, 62/63

5. schräge Bauchmuskeln (obliques abdominis): ermöglichen die seitliche Beugung und die Drehung des Rumpfes;
Übung: S. 60/61

1. Deltamuskel (deltoideus):
a) hebt den Arm nach vorn;
Übungen: S. 20/21, 24/25, 44/45
b) hebt den Arm seitwärts in die Horizontale;
Übungen: S. 48/49, 50/51, 52/53

2. Brustmuskel (pectoralis major): bringt den Arm nach vorne in-

Die Torsomuskulatur, von hinten

1. Trapezmuskel (trapezius):
a) oberer Teil: hebt und fixiert die Schultern;
   Übungen: S. 40/41, 42/43, 48/49, 50/51
b) mittlerer Teil: nähert die Schultern der Wirbelsäule;
   Übung: S. 40/41
c) unterer Teil: senkt die Schulterblätter;
   Übungen: S. 22/23, 24/25, 38/39

2. Deltamuskel (deltoideus): bewegt die Arme in die Horizontale nach hinten;
   Übung: S. 40/41

3. großer Rückenmuskel (latissimus dorsi): zieht den Arm von einer Position über dem Kopf mit einer leichten Innenrotation desselben nach innen unten;
   Übungen: S. 22/23, 38/39, 40/41

4. Streckmuskeln der Wirbelsäule (erector spinae): halten die Wirbelsäule aufrecht;
   Übungen: S. 18/19, 26/27

5. großer Rundmuskel (teres major) bringt den Arm unter leichter Einwärtsdrehung an den Rumpf heran;
   Übungen: S. 22/23, 40/41

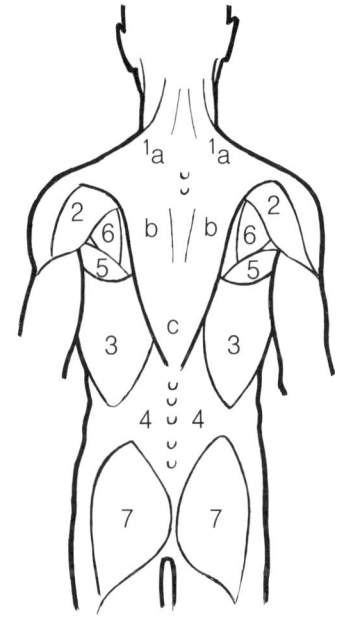

6. kleiner Rundmuskel (teres minor): dreht den Arm um seine Längsachse nach außen;
   Übung: S. 40/41

7. großer Gesäßmuskel (glutaeus maximus): streckt das Bein im Hüftgelenk und spreizt es nach außen;
   Übungen: S. 18/19, 26/27

Die Muskeln der Arme

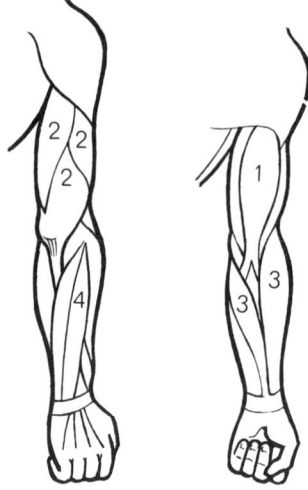

1. zweiköpfiger Armmuskel (biceps brachii): beugt (zusammen mit zwei kleineren, auf dem Bild nicht sichtbaren Beugern) den Arm im Ellbogengelenk;
Übungen: S. 22/23, 28/29, 54/55
2. dreiköpfiger Armmuskel (triceps brachii): streckt den Arm im Ellbogengelenk;
Übungen: S. 24/25, 44/45, 58/59
3. Hand- und Fingerbeuger (flexores);
Übung: S. 30/31
4. Hand- und Fingerstrecker (extensores);
Übung: S. 58/59

Die Muskeln der Beine, von vorne

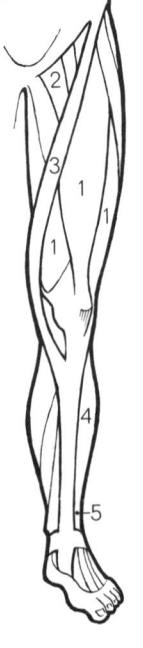

1. vierköpfiger Schenkelmuskel (quadriceps): streckt das Bein im Kniegelenk;
Übungen: S. 18/19, 35
2. Schenkelanzieher (Adduktoren): ziehen das Bein zur Körpermittellinie heran;
Übung: S. 18/19
3. Schneidermuskel (sartorius): dreht den Oberschenkel nach außen und den Unterschenkel nach innen;
Übung: S. 18/19
4. vorderer Schienbeinmuskel (tibialis anterior): hebt den Fuß im Fußgelenk an;
Übung: S. 18/19
5. lange Zehenstrecker (extensores);
Übung: S. 18/19

Die Muskeln der Beine, von hinten

1. großer Gesäßmuskel (glutaeus maximus): streckt das Bein im Hüftgelenk und spreizt es ab; Übung: S. 18/19
2. zweiköpfiger Schenkelbeuger (biceps femoris): beugt das Bein im Kniegelenk; Übung: S. 36/37
3. Halbsehnenmuskel (semitendinosus): Synergist von 2.; beugt ebenfalls das Bein im Kniegelenk. Übung wie für den zweiköpfigen Schenkelbeuger
4. Zwillingswadenmuskel (gastrocnemius): streckt den Fuß im Fußgelenk; Übungen: S. 18/19, 32/33
5. Schollenmuskel (soleus): Synergist von 4. Übungen wie für 4

Hauptübungen

Der Wert einer Übung läßt sich danach bemessen, wie viele Muskeln mit ihr gleichzeitig trainingswirksam erfaßt werden. Die nachfolgend beschriebenen »Hauptübungen« sind am produktivsten und bilden die Basis eines sinnvollen Trainingsprogramms, ungeachtet des »Verwendungszwecks« der dadurch erworbenen Kraft. Fügen Sie noch zwei bis vier der »Spezialübungen« hinzu – und Sie haben ein vollständiges Trainingsprogramm!

Variieren Sie diese Zusammenstellung alle zwei bis drei Wochen, indem Sie Übungen austauschen oder die Reihenfolge leicht ändern, ohne aber den Grundsatz »Von den großen zu den kleinen Muskeln« zu verletzen!

Wie sieht die korrekte Ausführung einer Übung aus? Es lassen sich immer zwei Bewegungsphasen unterscheiden: die »positive«, wenn die Muskeln sich zusammenziehen, und die »negative«, wenn sie gedehnt werden. Die positive Bewegung bringt das Gewicht nach oben, die negative läßt es langsam nach unten – in die Ausgangslage – zurück. Positive und negative Bewegung bilden zusammen eine »Wiederholung«. Eine Übung besteht aus acht bis zwölf Wiederholungen.

Arbeiten Sie stets langsam: Die positive Phase sollte etwa 2, die negative etwa 4 s dauern. Wählen Sie ein Gewicht, mit dem Sie mindestens acht Wiederholungen schaffen! Versuchen Sie in jedem Training, die Wiederholungszahl zu steigern! Sobald Sie zwölf oder mehr Wiederholungen ausführen können, erhöhen Sie das Gewicht um 5 bis 10%, so daß Sie wieder mit acht Wiederholungen arbeiten können.

Atmen Sie während der Übung völlig normal, in dem Rhythmus, der Ihrem jeweiligen Sauerstoffbedarf entspricht! Machen Sie stets so viele Wiederholungen von jeder Übung, bis die betroffenen Muskeln vollständig erschöpft sind! Nur die *letzten* Wiederholungen sind die eigentlich produktiven, da die ersten fünf bis sieben Wiederholungen dem »Einlaufen« der Muskelfasern dienen.

Nach jeder Übung pausieren sie $1/2$ bis 2 min, je nach Größe der trainierten Muskelgruppe. Danach gehen Sie unverzüglich zur nächsten Übung über.

Trainingsprogramm

Name					
Datum					
1. Kniebeuge	/	/	/	/	/
2. Drücken	/	/	/	/	/
3. Klimmzug	/	/	/	/	/ '
4. Barrenstütz	/	/	/	/	/
5. Armbeuge	/	/	/	/	/
6.	/	/	/	/	/
7.	/	/	/	/	/
8.	/	/	/	/	/
9.	/	/	/	/	/
10. Kreuzheben	/	/	/	/	/
11. Fersenheben	/	/	/	/	/
12. Handgelenkbeuge	/	/	/	/	/

So etwa sieht die Struktur Ihres Grundprogramms aus. In die Zwischenräume 6 bis 9 können Sie Spezialübungen Ihrer Wahl einsetzen. Jedes Training füllt eine vertikale Spalte. Notieren Sie im obersten Feld das Datum. Danach halten Sie bei jeder Übung das verwendete Gewicht und die geschaffte Wiederholungszahl fest. Schreiben Sie beide Zahlen in das eine Feld, mit einem Schrägstrich dazwischen. 30/9 heißt also beispielsweise 30 kg Gewicht und 9 Wiederholungen.
Diese »Buchhaltung« ist wichtig. Sie zeigt Ihnen den Fortschritt auf und motiviert Sie zu vermehrter Anstrengung. Heben Sie alle Ihre Trainingsprogramme auf – es sind die »Kontoauszüge« Ihrer Entwicklung.

Tiefe Kniebeuge

Die wichtigste Kräftigungsübung überhaupt ist die tiefe Kniebeuge mit einer Hantel auf den Schultern. Sie stärkt den unteren Rückenmuskel, den großen Gesäßmuskel, die gesamte Oberschenkelmuskulatur und sogar noch die Wadenmuskeln.

Ausführung: Nehmen Sie die Langhantel quer über die Schultern. Atmen Sie tief ein. Behalten Sie die Luft in den Lungen. Stehen Sie gerade. Senken Sie sich nun langsam in die Hockstellung hinunter. Gehen Sie so tief wie möglich. Unten angelangt »federn« Sie nicht etwa ab, sondern erheben sich langsam in die Ausgangsposition zurück, indem Sie ausatmen. Wenn Sie wieder gerade stehen, atmen Sie wiederum tief ein und wiederholen das Ganze.

Da diese Übung schon hohe Ansprüche an Ihr Koordinationsvermögen stellt, sollten Sie anfänglich mit geringeren Lasten, dafür mit höheren Wiederholungszahlen arbeiten.

Wählen Sie ein Gewicht, das Ihnen fünfzehn Wiederholungen erlaubt. Steigern Sie bis dreißig. Nach dem fünften Training können Sie schwerere Gewichte verwenden, die Ihnen acht bis zwölf Wiederholungen erlauben.

Halten Sie während der gesamten Übung die Wirbelsäule gerade.

Kontraktions-phase

Arbeitsphase *Dehnungsphase*

Wie die Kniebeuge für den unteren Teil des Körpers die wichtigste Übung darstellt, so verhält es sich mit dem Drücken für den Oberkörper. Damit nämlich erfassen Sie den ganzen Schultergürtel und die Arme.

Ausführung: Halten Sie die Hantel auf der Brust, und atmen Sie tief ein. Stoßen Sie die Hantel senkrecht nach oben, indem Sie ausatmen. Neigen Sie dabei den Oberkörper lediglich soweit nach hinten, als es nötig ist, um im Gleichgewicht zu bleiben. Senken Sie das Gewicht, indem Sie einatmen. Beginnen Sie mit acht Wiederholungen, und steigern Sie, bevor Sie das Gewicht erhöhen, die Zahl auf zwölf.

Dehnungsphase

Arbeitsphase   *Kontraktionsphase*

Mit dem Klimmzug trainieren Sie die Antagonisten (»Gegenspieler«) jener Muskeln, die Sie eben mit dem Drücken trainiert haben: den großen Rückenmuskel und den Bizeps.

Ausführung: Ziehen Sie sich an der Stange so weit hoch, bis Ihre Brust die Stange berührt. Verharren Sie 1 s in dieser Position. Senken Sie Ihren Körper, bis die Arme vollständig gestreckt sind. Damit Sie nicht in »Schwingungen« geraten, sollten Sie die Beine während der ganzen Übung leicht angezogen halten.
Sobald Ihnen zwölf Wiederholungen möglich sind, sollte die Belastung erhöht werden. Befestigen Sie mit Hilfe eines starken Gürtels ein Gewicht an Ihren Hüften.

Dehnungsphase

Arbeitsphase   *Kontraktionsphase*

Diese Übung zielt auf den Brustmuskel und den dreiköpfigen Armstrecker, den Trizeps.

Ausführung: Lassen Sie Ihren
Körper zwischen den beiden Hol-
men völlig durchhängen, so daß Sie
die Spannung in den Brustmuskeln
verspüren. Stemmen Sie sich nun
langsam hoch, indem Sie bewußt
nur mit den Brustmuskeln und dem
Trizeps arbeiten. Oben angelangt,
sollten Sie nicht ausruhen, sondern
Ihren Körper gleich wieder senken.
Während der Übung dürfen Ihre
Füße den Boden nicht berühren.
Die Beinhaltung ist wie bei den
Klimmzügen: leicht angewinkelt.
Auch die Belastungssteigerung
nehmen Sie in gleicher Weise vor,
wie es bei der vorherigen Übung
beschrieben ist.

Dehnungsphase

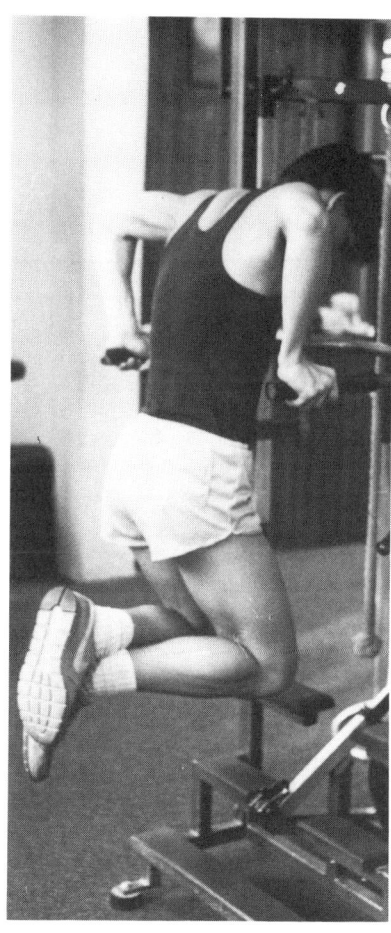

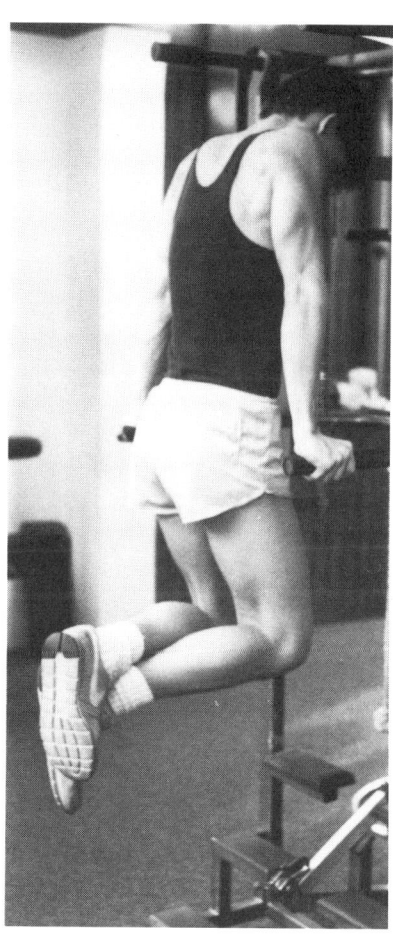

Arbeitsphase   Kontraktionsphase

Kreuzheben

Das Kreuzheben kräftigt den ganzen Rücken, insbesondere das »Kreuz«.

Ausführung: Halten Sie die Hantelstange im »Kreuzgriff«, das heißt eine Handfläche nach innen, die andere nach außen. Machen Sie einen runden Rücken, die Knie durchgedrückt. Richten Sie sich langsam auf, indem Sie die Wirbelsäule von unten her »aufrollen«, bis Sie gerade stehen. Versuchen Sie nicht, beim Aufrichten die Wirbelsäule steif zu halten. Im Gegenteil: Sie müssen lernen, die Rückenmuskeln bewußt zu dehnen und zu kontrahieren (zusammenzuziehen) wie sonst beispielsweise den Bizeps. Die Wirkung der Übung wird größer, das heißt, Sie erzielen eine stärkere Dehnung, wenn Sie sich auf einen Schemel stellen.

Dehnungsphase

Arbeitsphase

Kontraktionsphase

27

Armbeuge

Dehnungsphase

Die Armbeuge ist die klassische Übung zur Entwicklung kräftiger Arme.

Ausführung: Fassen Sie die Hantel mit beiden Händen, die Handflächen nach vorne. Halten Sie den Oberkörper leicht nach hinten geneigt. Winkeln Sie langsam die Unterarme an, so daß die Hantel einen Halbkreis bis zu Ihren Schultern beschreibt. Die Ellbogen sollten Sie dabei möglichst ruhig halten.

Kontraktionsphase

Arbeitsphase

29

Handgelenkbeuge

Mit dieser Übung kräftigen Sie Unterarme und Hände.

Ausführung: Fassen Sie die Hantel, plazieren Sie Ihre Unterarme so auf den Oberschenkeln, daß die Hände über die Knie hinausragen. Drehen Sie nun die Hände im Gelenk nach oben, so weit wie möglich. Dann nach unten, bis der Handrücken im rechten Winkel zum Unterarm steht.

Dehnungsphase

Arbeitsphase

Kontraktionsphase

Fersenheben

Die Wadenmuskeln kontrollieren das Fußgelenk. Ihre Schwäche stellt eine Behinderung dar. Die häufigen Stürze älterer Leute haben ihre Ursache in der Rückbildung dieser wichtigen Muskeln.

Ausführung: Die Übung können Sie auf einer Treppenstufe ausführen. Setzen Sie den einen Fuß gerade so weit auf die Stufe, daß Sie nicht abrutschen, wenn Sie sich in der Dehnungsphase befinden. Der andere Fuß befindet sich mit dem Rist an der Achillessehne. Das Knie am Standbein ist durchgedrückt. Versuchen Sie, die Ferse — und damit Ihren Körper — in der Kontraktionsphase möglichst hoch zu heben und in der Dehnungsphase möglichst tief zu senken. Wenn Sie zwölf Wiederholungen schaffen, können Sie Ihre Belastung dadurch erhöhen, daß Sie eine Kurzhantel in einer Hand halten.

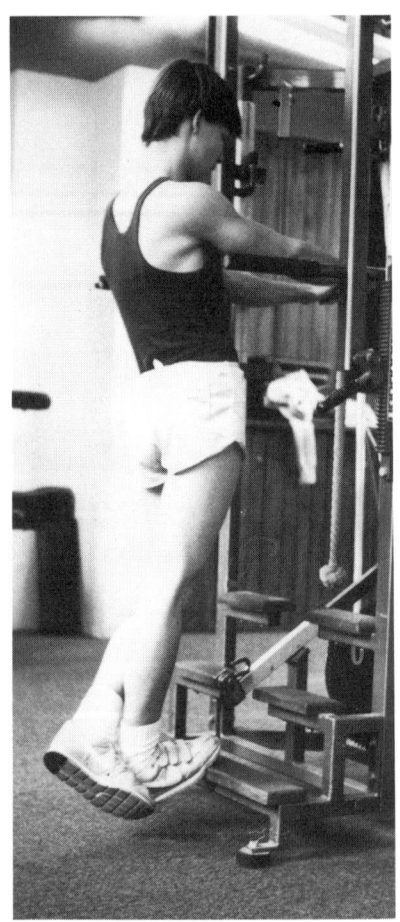

Dehnungsphase

Arbeitsphase   *Kontraktionsphase*

33

Spezialübungen

Darunter versteht man jene Übungen, welche kleinere Muskeln oder aber Teilbereiche großer Muskeln isoliert erfassen. Die Spezialübungen ergänzen die Grundübungen, ersetzen sie aber nicht. Ihr Anwendungsbereich liegt in der Rehabilitation, dem Bodybuilding und der besonderen Sportvorbereitung. Mit diesen isoliert wirkenden Übungen ist es möglich, einzelne Muskeln stärker »herauszuholen« – jedoch nur bis zu einem gewissen Grad. Wenn es Ihnen darum geht, möglichst starke Arme zu entwickeln, tun Sie gut daran, auch die Beine zu trainieren. Andernfalls wird Ihre Armentwicklung rasch stagnieren. Die im vorherigen Kapitel aufgezeigten Ausführungsregeln gelten gleichermaßen für die Spezialübungen. Konzentrieren Sie sich auf eine korrekte, langsame Ausführung. »Hören« Sie in den Muskel hinein, während Sie ihn trainieren. Denken Sie stets daran: Es geht nicht darum, möglichst hohe Gewichte zu bewegen, sondern darum, den Muskel zu erschöpfen. Anfänger verwechseln eine gute Trainingsatmosphäre oft mit einer »Hauruck«-Stimmung. Dies reduziert ihren Trainingserfolg und schadet vor allem auch den Gelenken. Eine angenehme Trainingsatmosphäre findet vielmehr ihren Ausdruck darin, daß sie eine hohe Konzentration auf die Übungsausführung ermöglicht. Gehen Sie an jede Übung heran wie der Chirurg an eine Operation: mit Umsicht und Präzision.

Hackenschmidt-Kniebeuge

Mit dieser Übung entwickelte der russische Ringer Georg Hackenschmidt zu Anfang dieses Jahrhunderts seine Oberschenkelmuskulatur; von daher rührt der Name. Zur Ausführung benötigen Sie eine 5 bis 10 cm hohe Unterlage, auf der Sie mit den Absätzen stehen. Damit wird eine isolierte Wirkung auf den Unterschenkelstrecker erzielt. Während der ganzen Übung sind Rücken und Arme gerade zu halten.

*Arbeits-
phase*

*Kontraktions-
phase*

Dehnungsphase

Unterschenkelbeuge

Mit der Unterschenkelbeuge kräftigen Sie die Muskeln an der Rückseite der Oberschenkel. Sie benötigen einen Partner, der Ihnen mit Hilfe eines Handtuchs den erforderlichen Widerstand bietet. Achten Sie darauf, daß Sie auch in der voll kontrahierten Position noch Widerstand verspüren.

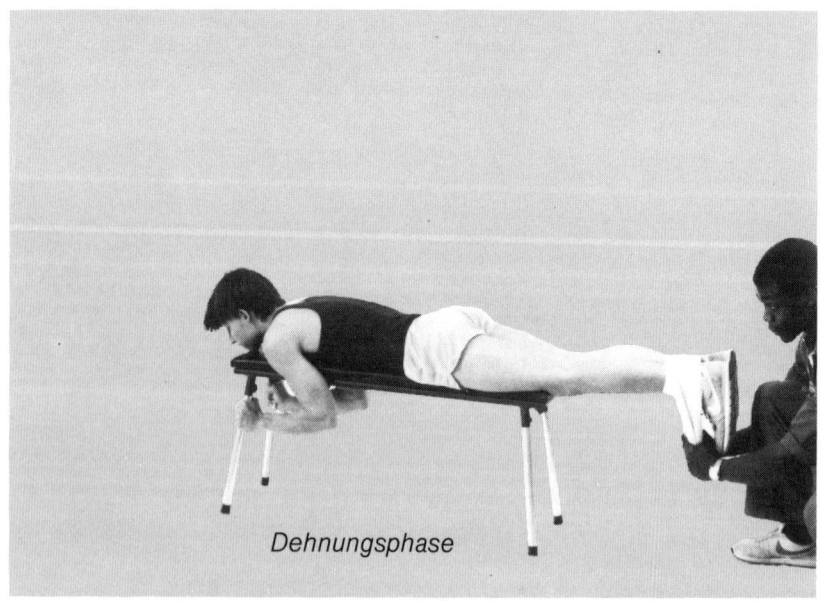

Dehnungsphase

Arbeitsphase

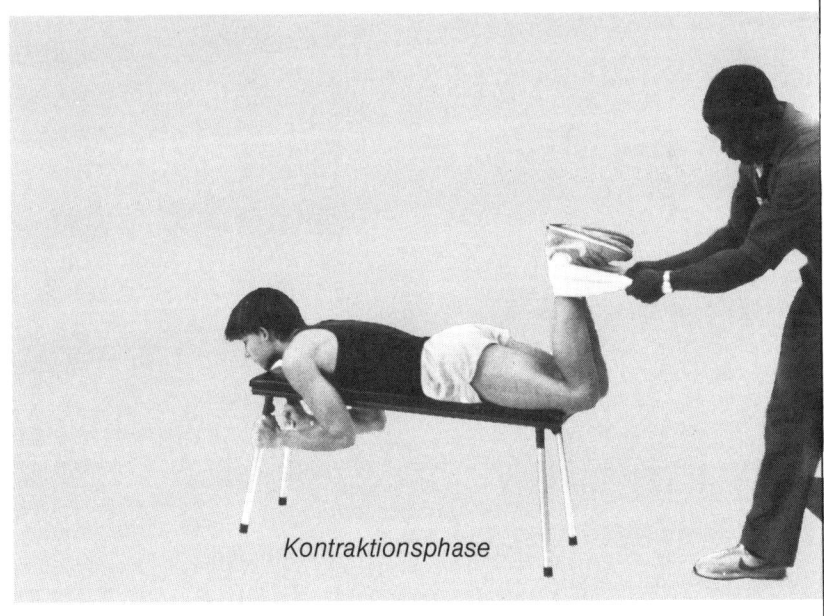

Kontraktionsphase

Klimmzug mit parallelem Griff

Es handelt sich um eine ebenso produktive wie schwierige Variante des normalen Klimmzugs. Sie zielt auf eine isolierte Erfassung des großen Rückenmuskels. Achten Sie darauf, daß sich die Ellbogen stets seitlich vom Körper befinden.

Dehnungsphase

Arbeitsphase

Kontraktionsphase

Einarmiges Rudern

Auch diese Übung kräftigt den großen Rückenmuskel. Die Hauptbelastung liegt hier in der Schlußphase der Kontraktion. Die freie Hand stützt den Oberkörper ab, so daß die unteren Rückenmuskeln nicht unnötig belastet werden.

Dehnungsphase

Arbeitsphase

Kontraktionsphase

Schulterheben

Der bei dieser Übung arbeitende Muskel — der Trapez- oder Kappenmuskel — befindet sich zwischen den Schultern und dem Hals. Die Arme bleiben während der Übung gestreckt. Lediglich die Schultern bewegen sich nach oben.

Dehnungsphase

Kontraktionsphase

Arbeitsphase

43

Bankdrücken

Hierzu benötigen Sie eine Bank mit Abstellvorrichtung (für das Gewicht) oder einen Partner, der Ihnen das Gewicht reicht und am Schluß wieder abnimmt. Die Übung kräftigt die großen Brustmuskeln und die Strecker der Unterarme, die Trizepse.

Dehnungsphase

Arbeitsphase

Kontraktionsphase

45

Fliegende Bewegung

Es handelt sich ebenfalls um eine Brustmuskelübung, jedoch diesmal um eine mit Kurzhanteln. Sie erzielen damit einen größeren Dehnungswinkel als mit dem Bankdrücken.

Kontraktionsphase

Arbeitsphase

Dehnungsphase

Aufwärtsrudern

Die seitlichen Schultermuskeln werden mit dieser Übung gekräftigt. Der Trapezmuskel wird mittrainiert.

Die Hantelstange muß dabei bis unter das Kinn hochgezogen werden. Jeder Schwung ist zu vermeiden!

Dehnungsphase

Kontraktionsphase

Arbeitsphase

49

Drücken hinter dem Kopf

Dies ist eine Übung, die nicht allein die Kraft, sondern auch die Beweglichkeit des Schultergürtels trainiert. Die Hantel darf zwischen den einzelnen Wiederholungen nicht auf dem Nacken abgesetzt werden.

Dehnungsphase

Kontraktionsphase

Arbeitsphase

Seitheben

Mit dieser Übung wird der seitliche Schultermuskel in höchstem Maße isoliert trainiert. Die Hanteln werden dabei mit nicht ganz gestreckten Armen bis auf die Höhe der Ohren angehoben. Die Hauptbelastung liegt jeweils in der Schlußphase der Kontraktion.

Dehnungsphase   *Arbeitsphase*

Kontraktionsphase

Konzentrations-Armbeuge

Wie schon der Name besagt, setzt die Übung besondere Konzentration auf die Ausführung voraus. Der Oberarm wird fest an die Innenseite des Oberschenkels gepreßt, damit nur der Bizeps arbeitet. Eine betont langsame Ausführung ist hier angezeigt.

Dehnungsphase

Arbeitsphase

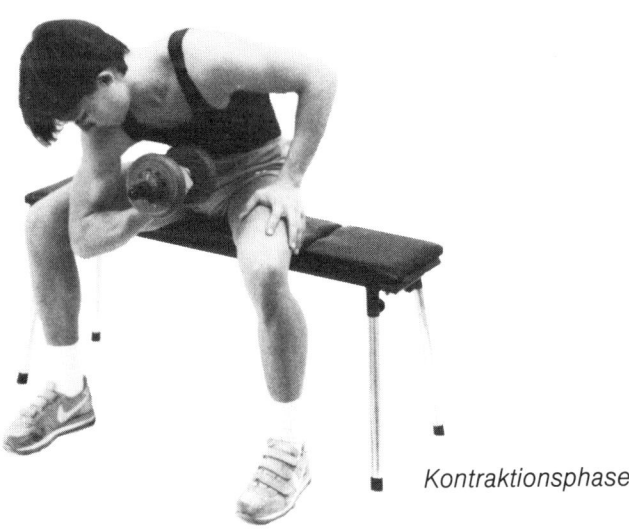

Kontraktionsphase

Armstrecken im Liegen

Mit dieser Übung werden die dreiköpfigen Armstrecker — die Trizepse — gekräftigt. Wichtig ist die
senkrechte Haltung der Oberarme
während der ganzen Übung.

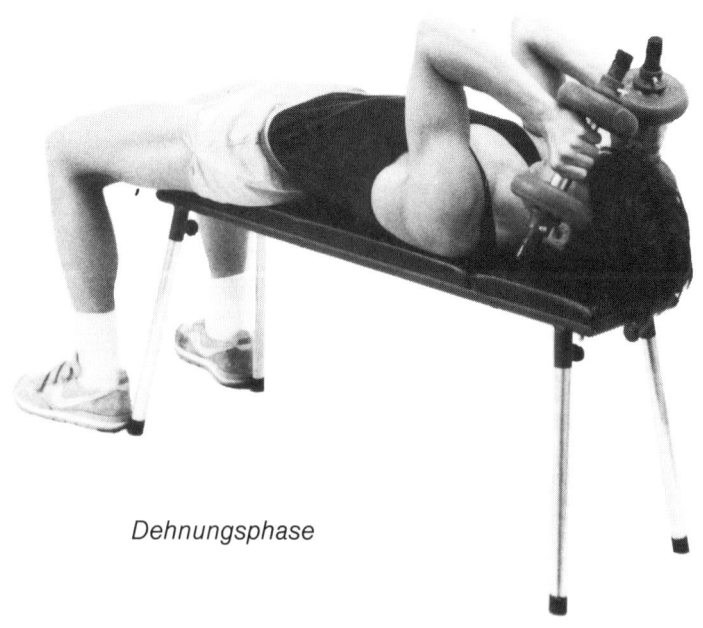

Dehnungsphase

Arbeitsphase

Kontraktionsphase

Armstrecken im Stehen

Als einarmige Variante zur vorherigen Übung gilt das Armstrecken im Stehen. Achten Sie auch hier darauf, daß Sie nur den Unterarm bewegen, der Oberarm also während der ganzen Übung in der gleichen Position verbleibt. Federn Sie in der Dehnungsphase keinesfalls ab. Dies kann Ihre Ellbogen schädigen.

Dehnungsphase

Arbeitsphase

Kontraktions-
phase

Seitbeuge

Die äußeren schrägen Bauchmuskeln sprechen auf die Seit-
beuge an. Neigen Sie dabei den
Oberkörper weder nach vorn noch
nach hinten, sondern nur zur Seite.
Diese Übung sollten Sie mit einer
relativ schweren Kurzhantel betont
langsam ausführen.

Dehnungsphase

Arbeitsphase

Kontraktions-
phase

61

Die geraden Bauchmuskeln werden insbesondere durch die Übungen »Klimmzug« und »Barrenstütz« trainingswirksam miterfaßt. Ein isoliertes Training der geraden Bauchmuskeln ist mit dem Aufrollen möglich. Dazu legen Sie sich auf den Rücken, die Beine im Schneidersitz. Nun versuchen Sie, den Oberkörper »aufzurollen«, ohne daß sich das Kreuz vom Boden abhebt. Lediglich die Schulterblätter und der obere Teil des Rückens werden angehoben.

Verharren Sie einen Augenblick in der »aufgerollten« Position, und gehen Sie dann langsam in die Ausgangsstellung zurück.

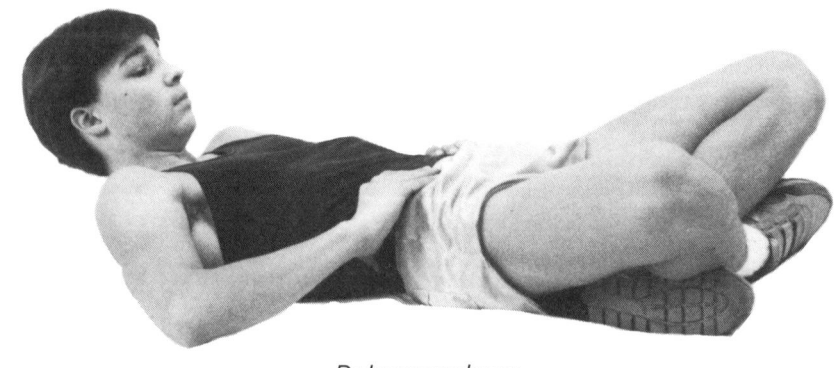

Dehnungsphase

Arbeitsphase

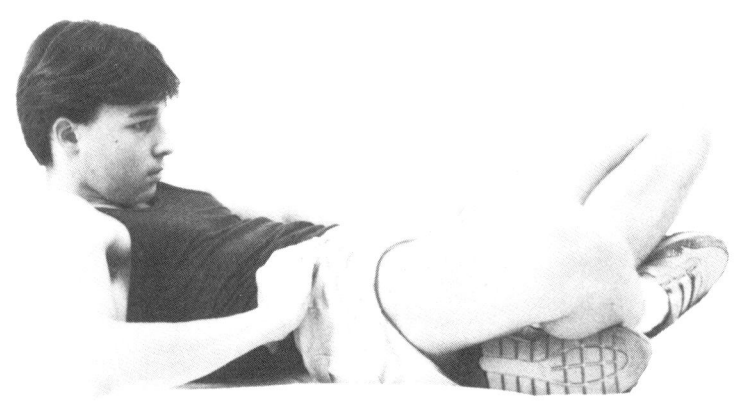

Kontraktionsphase

Irrtümer, Fehler, Gefahren

Produktives Krafttraining ist kein Sonntagsspaziergang, sondern durchaus Arbeit. Unser Körper wird dabei Belastungsspitzen ausgesetzt, welche nur gesunden Menschen zuträglich sind. Wer sich über seinen gesundheitlichen Zustand nicht im klaren ist, sollte vor Aufnahme des Krafttrainings auf jeden Fall einen Arzt konsultieren. Wer jedoch gesund ist, kann unbedenklich trainieren. Im folgenden werden die häufigsten Fehler und Gefahren dargestellt.

Zu hohes Übungsgewicht

Sie sollen Ihre Kraft trainieren und nicht demonstrieren! Lenken Sie Ihren Ehrgeiz niemals auf die Steigerung des Gewichts! Dies führt über kurz oder lang zu einem unproduktiven Übungsstil. Sie entwickeln eine »Vermeidungstechnik« der Übungsausführung, welche darin besteht, daß Sie mehr und mehr andere Muskeln als die beabsichtigten zur Ausführung heranziehen.

Zu schnelle Bewegungen

Es gibt noch heute Trainer, welche den Rat erteilen, mit Gewichten schnelle – oder gar »zackige« – Bewegungen auszuführen. Meiden Sie solche Leute! Man weiß nie, welche Ratschläge sie sonst noch geben ... Ein Blick in jedes Anatomiebuch zeigt, wie kompliziert und diffizil der ganze Bewegungsapparat aufgebaut ist. Eine 50 kg schwere Hantel – »schnellkräftig« bewegt – ergibt Belastungsspitzen von 400 kg! Wie lange die Sehnen, Bänder und Gelenke das mitmachen, ist offenbar eine Frage ihrer »Gutmütigkeit«: die gemessenen Belastungsspitzen liegen nämlich oft über der sogenannten Bruchlast der Sehnen.

Das Vorgehen würde vielleicht noch

einleuchten, wäre damit ein größerer Trainingsgewinn verbunden – das Gegenteil ist jedoch der Fall. Die Trägheit der Hantel bewirkt für Bruchteile von Sekunden eine hohe Belastung – nämlich dort, wo das Gewicht »aufgefangen« wird –, während des restlichen Bewegungsteils bleibt der Muskel jedoch unterbelastet. Schnelle Bewegungen mit Gewichten sind also nicht nur unproduktiv, sondern gefährlich!

Zu lange Pausen zwischen den Übungen

Vor wenigen Jahren noch war die Fachwelt der Meinung, Kraft und Ausdauer könnten niemals *gleichzeitig* trainiert werden. Zur Erzielung eines Kreislaufeffekts muß man den Puls auf etwa 150 Schläge bringen (minus Alter) und während etwa 20 min auf dieser Frequenz belassen. Sie können dies mit Laufen, Radfahren, Schwimmen erzielen – oder eben auch mit Krafttraining. Voraussetzung ist, daß Sie die Pausen zwischen den Übungen weglassen und vor allem die großen Muskelgruppen trainieren. Damit trainieren Sie Ihre Muskeln *und* Ihre Blutgefäße. Deshalb sollten Sie mit wachsendem Fortschritt bestrebt sein, die Pausen zu verkürzen, bis Sie das ganze Trainingsprogramm ohne Unterbrechung »durchziehen« können. Dies ist allerdings eine harte Prozedur. Daher ziehen es viele vor, das Krafttraining etwas »gemütlicher« zu gestalten, und trainieren die Ausdauer gesondert – möglichst im Freien. Dies ist zweifellos eine reizvollere, aber zeitlich aufwendigere Möglichkeit. Aber selbst für den reinen Kraftzuwachs ist es ratsam, nicht allzulange zwischen den Übungen zu pausieren. Die »Trainingsstimmung« hängt von einem bestimmten hormonellen Zustand ab (Adrenalin ist dabei im Spiel), der nur etwa 35 bis 45 Minuten vorhält. Innerhalb dieser Zeit sollte man das Programm bewältigen.

Zuviel Training

Je intensiver das Training, um so kürzer seine Dauer! Je stärker Sie werden, um so weniger sollten Sie trainieren – weniger aber härter. Der Anfänger hat im allgemeinen noch zu wenig Kraft, um seine Reserven derart zu erschöpfen, daß er fast eine Woche zur Erholung bzw. Überkompensation benötigt. Anders verhält es sich beim Fortgeschrittenen. (Als »Fortgeschrittenen« kann man jemanden bezeichnen, der seine Ausgangskraft bereits verdoppelt hat.) Hier zeigt sich deutlich, daß die Erholungsfähigkeit sich in viel geringerem Ausmaß entwickelt als die Kraft. Wer seine Kraft mehr als verdoppelt hat, sollte sein Intensivtraining auf einmal pro Woche beschränken. Er sollte jedoch, um eine Rückbildung der Muskelmasse in der Zwischenzeit zu verhindern, weiterhin zwei- bis dreimal trainieren, doch nicht mit voller Intensität, sondern mit etwa 80 % der maximalen. Das heißt: dieselben Gewichte, aber zwei bis drei Wiederholungen weniger.

Überernährung

Unter Vitamin- und/oder Eiweißmangel leidet in unseren Breitengraden kaum jemand. Im Gegenteil: Großenteils kranken wir an Überernährung.

Die optimale Versorgung mit Vitaminen ist eine Voraussetzung für Gesundheit und Leistungsfähigkeit. Vitaminmangel führt längerfristig zu Erkrankungen und zu einem Abfall des Leistungsvermögens. Daß zusätzliche, also über das notwendige Maß hinausgehende Gaben von bestimmten Vitaminen die Leistungsfähigkeit verbessern, ist ein Aberglaube. In zahlreichen Untersuchungen wird nachgewiesen, daß Vitamin C (Ascorbinsäure) weder die Leistungsfähigkeit erhöht noch die Krankenanfälligkeit senkt. Für die anderen Vitamine gilt ähnliches.

»Mineralien« – elementare Nährsalze – sind in der üblichen Kost (soweit keine einseitige Ernährung) mehr als ausreichend enthalten. Gleiches gilt für die »Spurenelemente«.

Als »Anfänger« im Krafttraining werden Sie vielleicht finanziell unbeschadet an Vitaminen, Mineralien und Spurenelementen vorbeikommen. Nicht so beim Protein! Früher oder später wird Ihnen von

»kompetenter« Seite klargemacht, daß es ohne zusätzliches Protein kein Muskel-/Kraftwachstum geben kann. Dann halten Sie sich bitte an die folgenden Ausführungen.

Muskeln bestehen zu 75 bis 80% aus Wasser. Lediglich $^1/_5$ des Muskelgewichts ist Eiweiß (Protein). Das Eiweißgewebe hält aber nicht allzulange vor; es muß erneuert werden. Das Muskeleiweiß wird innerhalb von etwa 300 Tagen vollständig erneuert. Mit zunehmendem Alter wird die Erneuerungsgeschwindigkeit geringer. Wir benötigen somit eine regelmäßige Zufuhr bestimmter Mengen an Eiweiß. Die meisten Ernährungsphysiologen stimmen heute darin überein, daß 0,7 g Eiweiß pro kg Körpergewicht pro Tag das Optimum darstellt. Diese Zufuhr ist bei völlig normaler Ernährung mehr als gewährleistet. Wenn nun ein Muskelwachstum stattfindet, entsteht ein Mehrbedarf an Protein. Wie gering dieser in Wirklichkeit ist, verdeutlicht das folgende Beispiel: Angenommen, Ihre Muskeln sollen in einem Jahr um 5 kg zunehmen; das bedeutet 1 kg Protein und 4 kg Wasser. Ihr Tages-Mehrbedarf ist somit 2,74 g (1000 g : 365 Tage), eine Menge, welche einem halben Ei oder 20 g

Käse entspricht. Um diesen »Mehrbedarf« zu decken, sind natürlich keine »Nahrungszusätze« notwendig!

Sicher, das obige Beispiel ist eine grobe Vereinfachung, weil nicht alles aufgenommene Eiweiß verwertet wird. Die Verwertung ist jedoch um so besser, je knapper die Zufuhr ausfällt, und um so schlechter, je größer das Angebot ist.

Folgende Ratschläge zur Ernährung sind zu beachten:
● Mehrere kleine Mahlzeiten sind wertvoller als wenige große.
● Trinken Sie viel Wasser – auch während des Trainings zwischen den Übungen.
● Essen Sie langsam. Kauen Sie gründlich.
● Nehmen Sie zwei Stunden vor dem Training keine Nahrung zu sich.
● Beschränken Sie Ihren Zuckerkonsum auf ein Minimum.
● Meiden Sie Alkohol mindestens zwölf Stunden vor dem Training. Er senkt die Konzentrationsfähigkeit erheblich.
● Essen Sie nie mehr, als nötig ist, um den Hunger gerade eben zu stillen.

»Grenzen des Wachstums«
– wörtlich gemeint

Es gibt für die Muskeln jedes Menschen eine absolute individuelle Wachstumsgrenze. Nun ist verständlich, daß jeder, der mit dem Krafttraining beginnt, gern wissen möchte,»wie weit« er es auf diesem Gebiet bringen kann. Die nachfolgend aufgeführten unveränderbaren Faktoren begrenzen das Ausmaß des möglichen Trainingserfolgs.

Alter

In unserem Körper vollziehen sich gleichzeitig Aufbau- und Abbauvorgänge. In der Jugend überwiegen erstere. In den mittleren Jahren – zwischen 20 und 40 – halten sich Aufbau- und Abbauvorgänge etwa die Waage. Nach Überschreiten des 40. Lebensjahres überwiegen die Abbauvorgänge. Krafttraining stimuliert das System eindeutig in Richtung Aufbau. Als Konsequenz daraus folgt, daß Krafttraining dem älteren Menschen einen wesentlich größeren Nutzen zu bieten hat als dem jungen. Daß dies noch nicht »entdeckt« wurde, obwohl offenkundig, liegt wohl daran, daß Krafttraining eben nicht in Form eines Medikaments verkauft werden kann. Der größte Kraftgewinn ist in jungen Jahren – zwischen 16 und 25 – zu erzielen. Kraft kann aber auch später noch entwickelt werden – nur dauert es entsprechend länger.

Länge der Muskeln

Gemeint ist die Länge des Muskels im Verhältnis zur Länge der an ihm befestigten Sehnen. Je länger der Muskel, um so größer sein Zuwachspotential. Diese simple, aber bis dahin nicht erkannte Gesetzmäßigkeit wurde von Arthur Jones, dem Erfinder der Nautilus-Maschinen, vor wenigen Jahren estmals publiziert. Sie finden sie jedoch noch in keinem Lehrbuch. Im Vergleich mit anderen Personen können Sie Ihr eigenes Potential relativ gut einschätzen. Die Länge des Trizeps ist daran zu erkennen, wie weit der Muskel bei gestrecktem Arm an den Ellbogen heranreicht bzw. wieviel Abstand zwischen Ellbogen und Sehnen-Muskel-Übergang besteht. Gleiches gilt sinngemäß für alle anderen Muskeln. Grundsätzlich ist folgendes festzuhalten: Es gibt keine Übung, die Muskeln länger macht.

Hormonhaushalt

Aufbauprozesse sind an das Vorhandensein gewisser Hormone gebunden. Bei den Muskeln ist dies das männliche Sexualhormon Testosteron. Dies ist – trotz seiner Zugehörigkeitsbezeichnung – auch bei Frauen vorhanden, allerdings in geringerer Menge. Testosteron wird vom Organismus selbst produziert.
Anfangs der sechziger Jahre wurde Testosteron estmals künstlich hergestellt – als Medikament zur Verwendung in der Geriatrie, der Altersmedizin. Es hat dann seinen Weg in die Sportstudios und auf die Sportplätze gefunden, wo es sich – allen Warnungen und Verboten zum Trotz – großer Beliebtheit erfreut. Durch die Einnahme von Testosteron entwickelt sich die körpereigene Produktion allmählich zurück, wodurch eine Abhängigkeit von der Pille bzw. Spritze etabliert wird. Die Langzeitauswirkungen der Zuführung dieses Hormons sind bisher nur teilweise erforscht. Die Ergebnisse sind aber schon jetzt so eindeutig, daß die Mediziner dringend vom Gebrauch der Substanz abraten.
Die beiden folgenden Faktoren sind ebenfalls von Bedeutung, können jedoch – im Gegensatz zu den eben beschriebenen – verändert werden.

Trainingstechnologie

Es ist ein Unterschied, ob Sie mit optimalen Trainingsgeräten arbeiten oder mit mangelhaften. Ob sich Ihr Trainingsraum im Untergeschoß befindet, mit schlechten Luft- und Lichtverhältnissen, oder ob Sie in einer Umgebung trainieren, die Ihnen behagt.

Trotz einer beeindruckenden Verbreiterung des Marktangebots an Trainingsgeräten gibt es nur einen einzigen echten Fortschritt in der Trainingstechnologie: die Nautilus-Maschinen. Alle anderen »Entwicklungen« kopieren die Funktion der Hantel oder jene der Nautilus-Geräte.

Ein neuer Durchbruch, der vergleichbar mit dem Erscheinen von »Nautilus« wäre, ist nicht in Sicht.

Psychologische Faktoren

Ihre Einstellung zum Training, Ihre Stimmung, die persönliche Situation überhaupt – sie alle beeinflussen Ihren Willen zum Training. Mit wem Sie zusammen trainieren, inwieweit Ihre Freundin bzw. Ihr Freund das Training befürwortet oder gar selbst mitmacht, ist von größter Bedeutung. Diese Faktoren lohnt es, im Auge zu behalten, denn sie sind *beeinflußbar*.

Erfolgskontrolle

Über jedes Training sollten Sie Buch führen: Datum, Körpergewicht, Übungen, Anzahl der Wiederholungen und Höhe der Gewichte bei jeder Übung.

Das Festhalten dieser Daten erfordert wenig Zeit, ist jedoch sehr hilfreich: Zum einen entlastet eine solche Buchhaltung Ihr Gedächtnis. Sie werden daran erinnert, welche Übungen mit welchen Gewichten Sie beim letzten Training ausgeführt haben, und können daher schnell entscheiden, was jeweils zu tun ist. Zum anderen stimulieren die Daten des vorangegangenen Trainings den persönlichen Ehrgeiz in der Richtung, nunmehr eine Wiederholung mehr zu schaffen bzw. etwas Gewicht zuzulegen.

Aufgrund Ihrer Trainingskarte sind Sie in der Lage, Ihren Leistungsanstieg zu verfolgen.

Sollte Ihr Fortschritt stagnieren, sind vier mögliche Ursachen in Betracht zu ziehen:

1. Sie haben Ihr genetisches Potential ausgeschöpft.
2. Sie sind »übertrainiert«.
3. Sie sind unterernährt.
4. Sie sind krank.

Das genetische Potential ist nach etwa zwei Jahren intensiven, regelmäßigen Trainings ausgeschöpft. Ein weiteres Muskel-/Kraftwachstum ist nicht mehr möglich.

Bei »Übertraining« trainieren Sie zu oft und machen zu viele Übungen. So haben die Muskeln keine Zeit zum Wachstum. Reduzieren Sie den Trainingsumfang zugunsten der Trainingsintensität!

Unterernährung schließlich kann vorliegen, wenn Sie sich extrem einseitig – etwa ausschließlich von Protein – ernähren. Sie brauchen eine ausgewogene Kost zu Ihrer Entwicklung!

Frauen und Training

Noch vor wenigen Jahren war Krafttraining eine »Männersache«. Dies hat sich gründlich geändert: In den kommerziellen Kraftstudios ist der Anteil der Frauen mittlerweile auf über die Hälfte gestiegen.

Das kann nicht verwundern, ist doch Krafttraining *das* Mittel, um direkten Einfluß auf die äußere Erscheinung zu nehmen.

Das Aussehen der Figur ist weniger eine Sache des »Traumgewichts«, sondern vielmehr eine Frage der Körperzusammensetzung: dem Verhältnis von Muskeln und Fett.

Ein Mensch mit 10% Fettanteil sieht bei gleichem Körpergewicht völlig anders aus als jemand, dessen Fettanteil 25% ausmacht. Schlaffe, untrainierte Muskeln wirken »fett«, ohne daß sie es sein müssen. Da schon nach drei bis vier Trainingsstunden alle Muskeln straffer werden, ist ein »kosmetischer« Erfolg rasch sichtbar.

»Abnehmen« *ohne* Training – lediglich durch Verringerung der Nahrungsmenge – bedeutet Muskelverlust. 70% des verlorenen Gewichts gehen auf Kosten der Muskeln, nur 30% zu Lasten der Fettreserven.

Deshalb sieht man nach einer Hungerkur schlechter aus als zuvor.

Nicht so, wenn während des Abnehmens die Muskeln trainiert werden! Dann bleiben sie nicht nur erhalten, sondern können sogar weiter entwickelt werden.

Frauen müssen nicht »anders« trainieren als Männer. Die Angst, »zuviel« Muskulatur zu entwickeln, ist bei 99% der Frauen unbegründet. Sollte jedoch der Punkt erreicht werden, an dem ein »Mehr« unerwünscht ist, liegt das weitere Vorgehen auf der Hand: keine weitere Steigerung, weder der Gewichte noch der Wiederholungszahl, sondern nur noch Erhalten und Bewahren (»Einfrieren«).

Während einer Schwangerschaft darf nicht mit Krafttraining begonnen werden. Hat die betreffende Frau schon vorher trainiert, so soll sie das Training auch während der Schwangerschaft beibehalten, aber vom vierten Monat an keine Steigerung mehr vornehmen. Hilfreich wird sich das Training vor allem *nach* der Geburt auswirken, während der Phase der »Rückbildung«. Der altersbedingte Knochenschwund setzt bei Frauen früher ein als bei Männern. Er wird bei beiden Geschlechtern durch Krafttraining aufgehalten bzw. verzögert.

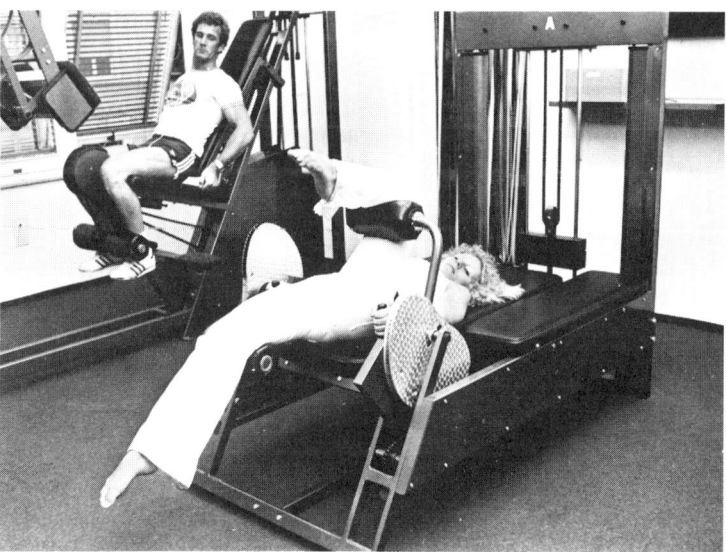

Die Prinzipien des Krafttrainings gelten gleichermaßen für Mann und Frau. Bild oben: Armkreuzen im Liegen zur Stärkung der Brustmuskeln. Bild unten: im Vordergrund das Hauptgerät, an dem der große Gesäß-muskel trainiert wird.

Zusammenfassung der Prinzipien

Trainieren Sie maximal dreimal pro Woche eine Stunde! Wenn Sie mehr trainieren, verlangsamt sich Ihr Fortschritt.

Führen Sie die Übungen langsam aus: 2 s für die positive, 4 s für die negative Bewegungsphase!

Kopieren Sie keine Trainingspläne! Erstellen Sie vielmehr Ihren eigenen!

Versuchen Sie niemals, Ihr Trainingspensum mit mehr Übungen zu erhöhen! Streben Sie danach, die einzelne Übung zu intensivieren!

Trainieren Sie die großen Muskeln zu Anfang, die kleinen am Schluß des Trainings!

Jedes Training sollte mindestens drei der Hauptübungen enthalten!

Atmen Sie während der Übung völlig normal, wie es der momentane Sauerstoffbedarf erfordert! Halten Sie nie den Atem an!

Führen Sie jede Übung bis zur vollständigen Erschöpfung der betroffenen Muskeln aus!

Gewöhnen Sie sich einen sauberen Übungsstil an! Erhöhen Sie nie das Trainingsgewicht auf Kosten der einwandfreien Ausführung!

Halten Sie die Pausen zwischen den Übungen möglichst kurz!

Ernähren Sie sich völlig normal! Vitamin- oder Proteinzusätze sind absolut überflüssig!

Kontrollieren Sie Ihre Leistungen bei jedem Training!

Versuchen Sie, Ihnen nahestehende Menschen für das Training zu gewinnen!

Welche Resultate bringt das Krafttraining?			
Kraft	Beweglichkeit	Ausdauer	Körpergefühl
Primär betroffenes Organsystem: Muskeln	Primär betroffenes, Organsystem: Sehnen und Bänder	Primär betroffenes Organsystem: Herz/Blutgefäße	Primär betroffenes Organsystem: Nervensystem
Trainings-bedingungen: Hohe Spannung Übersäuerung	Trainings-bedingungen: Sauberer Übungsstil, volle Aus-nutzung der Gelenkamplitude	Trainings-bedingungen: Gleichzeitiges und intensives Training großer Muskeln, hohe Wieder-holungszahl, kurze Pausen	Trainings-bedingungen: Umgang mit Lasten, die keine mecha-nische Führung aufweisen, Eigengewichts-übungen

Nutzen des Krafttrainings

Wo und wozu wird Krafttraining eingesetzt?			
Sportvorbereitung	Fitnesstraining	Bodybuilding	Rehabilitation
zur Verbesserung allgemeiner Kraftfähigkeiten, zum Erwerb spezieller Kraftfähigkeiten	zur Erhöhung des Wohlbefindens, zur günstigen Veränderung der äußeren Erscheinung (Figur, Haltung, Gang)	zur Erlangung eines athletischen Körperbaus	zur Beschleuni-gung von Heilungsvor-gängen, zur Verhinderung von Rückbildungs-erscheinungen (Muskelschwund, Gelenkversteifung)

Anwendungsbereiche des Krafttrainings

Literatur

Carl, G.:
»Kraftübungen mit Geräten«
Sportverlag, Berlin 1975

Fedler, W. und Carl, G.:
»Muskelkraft und Körperformung«
Sportverlag, Berlin 1968

Frey, U.:
»Sportmedizin und
Leibesübungen«
Verlag Haupt, Bern/Stuttgart 1975

Hochmuth, G.:
»Biomechanik sportlicher
Bewegungen«
Sportverlag, Berlin 1971

Hochrein, M. und Schleicher, I.:
»Leistungssteigerung«
Georg Thieme Verlag, Stuttgart
1953

Jones, A.:
»Nautilus Training
Principles, Bulletin 1/2«
DeLand, USA 1971/72

Kieser, W.:
»Fitness, Ausdruck der
Persönlichkeit«
Monatszeitschrift des Gottlieb-
Duttweiler-Instituts, Oktober 1971

Kieser, W.:
»Probleme des Krafttrainings«
Neue Zürcher Zeitung, Nr. 435,
September 1973

Kieser, W.:
»Leistungsfähiger durch
Krafttraining«
Überarb. Aufl.
Falken-Verlag, Niedernhausen/Ts.
1988

Rohmert, W.:
»Muskelarbeit und Muskeltraining«
Internationales Kolloquium,
Darmstadt 1968

UNSER
TIP

Trainings-Instruktor / in

Lehrgänge an der ADOK
Grundkurse und Weiterbildung
Tages- und Abendschule
mit individueller Zeitwahl
Leitung Dr. Angelika Kieser
Verlangen Sie Unterlagen
ADOK Kanzleistrasse 126
8004 Zürich 01 / 24 25 42 9

UNSER TIP

Eishockey
Lauf- und Stocktechnik, Körperspiel,
Taktik, Ausrüstung und Regeln
(0414) Von J. Capla, 264 S.,
548 s/w-Fotos, 163 Zeichn., kart.,
DM 19,80, S 159,–, SFr 19,80

Pool-Billard
Hrsg. vom
Deutschen Pool-Billard-Bund
(0484) Von M. Bach, K.-W. Kühn,
104 S., 64 Abb., kart.,
DM 7,80, S 69,–, SFr 7,80

Fibel für Kegelfreunde
Sport- und Freizeitkegeln · Bowling
(0191) Von G. Bocsai, 72 S., 62 Abb.,
kart.,
DM 7,80, S 69,–, SFr 7,80

Golf
Ausrüstung · Technik · Regeln
(0343) Von J. C. Jessop, 96 S.,
57 Abb., kart.,
DM 9,80, S 79,–, SFr 9,80

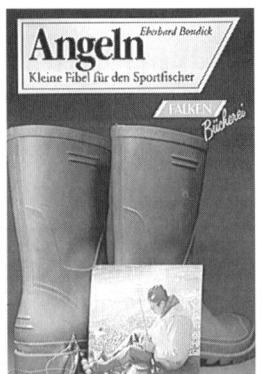

Angeln
Kleine Fibel für den Sportfischer
(0198) Von E. Bondick, 80 S., 4 Farbt.,
116 Abb., kart.,
DM 8,80, S 74,–, SFr 8,80

Sporttauchen
Theorie und Praxis des Gerätetauchens
(0647) Von S. Müßig, 144 S., 8 Farbt.,
35 s/w-Fotos, 89 Zeichn., kart.,
DM 14,80, S 119,–, SFr 14,80

Der Spezialist für nützliche Bücher.

UNSER TIP

Tennis
Technik · Taktik · Regeln
(0375) Von W. und S. Taferner,
112 S., 81 Abb., kart.,
DM 8,80, S 74,–, SFr 8,80

Badminton
Technik · Taktik · Training
(0699) Von K. Fuchs, L. Sologub,
168 S., 51 Abb., kart.,
DM 16,80, S 139,–, SFr 16,80

Fechten
Florett · Degen · Säbel
(0449) Von E. Beck, 88 S.,
185 s/w-Fotos, 10 Zeichn., kart.,
DM 16,80, S 139,–, SFr 16,80

Spaß am Laufen
Jogging für die Gesundheit
(0470) Von W. Sonntag, 140 S.,
41 s/w-Fotos, 1 Zeichn., kart.,
DM 9,80, S 79,–, SFr 9,80

Gesund und fit durch Gymnastik
(0366) Von H. Pilss-Samek, 88 S.,
130 Abb., kart.,
DM 9,80, S 79,–, SFr 9,80

Stretching
Mit Dehnungsgymnastik zu
Entspannung, Geschmeidigkeit und
Wohlbefinden
(0717) Von H. Schulz, 80 S.,
90 s/w-Fotos, kart.,
DM 7,80, S 69,–, SFr 7,80

Der Spezialist für nützliche Bücher.

Falls durch besondere Umstände Preisänderungen notwendig werden, erfolgt Auftragserledigung zu dem bei der Lieferung gültigen Preis.

NÜTZLICHE RATGEBER

Essen und Trinken

Meine feine Bürgerliche Küche
(4411-4) Von E. Falout, 160 S., 119 Farbfotos, Pappband. ●●●

Essen in Hessen
Spezialitäten zwischen Schwalm und Odenwald. (0837-X) Von R. Witt, 120 S., 10 s/w-Zeichnungen, Pappband. ●●

Kochen für 1 Person
Rationell wirtschaften, abwechslungsreich und schmackhaft zubereiten. (0586-5) Von M. Nicolin, 104 S., 8 Farbtafeln, 23 Zeichnungen, kart. ●

Schnell und individuell
Die raffinierte Single-Küche
(4266-3) Von F. Faist, 160 S., 151 Farbfotos, Pappband. ●●●

Für Kenner und Genießer Lamm
(1090-7) Von H. Imhof, 64 S., 50 Farbfotos, Pappband. ●

Frischer Fang aus Fluß und Meer Fisch
(0964-X) Von L. Grieser, 64 S., 69 Farbfotos, Pappband. ●

Edler Kern in harter Schale Meeresfrüchte
(0886-4) Von L. Grieser, 48 S., 52 Farbfotos, Pappband. ●

Gaumenfreuden Tag für Tag
Pfannengerichte
(1007-9) Von S. Fabke, 64 S., 54 Farbfotos, Pappband. ●

Von Tatar und falschen Hasen Hackfleisch
(0866-X) Von A. und G. Eckert, 64 S., 42 Farbfotos, Pappband. ●

Aus eigener Küche Gute Wurst
(0948-8) Von J. Bessel, G. Quaas, 80 S., 8 Farbtafeln, kart. ●

Aus lauter Lust und Liebe Knoblauch
(0867-8) Von I. Reinirkens, 64 S., 45 Farbfotos, Pappband. ●

Kochen und würzen mit Knoblauch
(0725-6) Von A. und G. Eckert, 96 S., 8 Farbtafeln, kart. ●

Kochen und würzen mit Paprika
(0792-2) Von A. und G. Eckert, 88 S., 8 Farbtafeln, kart. ●

Bintje, Irmgard und Sieglinde
Kartoffeln
(1032-X) Von S. Fabke, 64 S., 43 Farb- und 1 s/w-Foto, Pappband. ●

Nudelgerichte
– lecker, locker, leicht zu kochen. (0466-4) Von C. Stephan, 80 S., 8 Farbtafeln, kart. ●

Pasta in Höchstform Nudeln
(0884-8) Von M. Kirsch, 64 S., 62 Farbfotos, Pappband. ●

Kräftig klar und cremig zart Feine Suppen
(1031-1) Von H. Imhof, 64 S., 48 Farbfotos, Pappband. ●

Herzhaftes für Leib und Seele Eintöpfe
(0820-1) Von P. Klein, 48 S., 30 Farbfotos, Pappband. ●

Spezialitäten unter knuspriger Decke
Aufläufe
(0882-1) Von C. Adam, 48 S., 33 Farbfotos, Pappband. ●

In Hülle und Fülle Pasteten und Terrinen
(0883-X) Von M. Kirsch, 48 S., 62 Farbfotos, Pappband. ●

Die Krönung der feinen Küche Saucen
(0817-1) Von G. Cavestri, 48 S., 40 Farbfotos, Pappband. ●

Schlank und köstlich Spargel
(1005-2) Von M. Kirsch, 64 S., 44 Farbfotos, Pappband. ●

Von Aubergine bis Zucchini Gemüse
(1061-3) Von H. Cohrs, 64 S., 39 Farbfotos, Pappband. ●

Statt Breakfast und Lunch Brunch
(1033-8) Von C. Adam, 64 S., 49 Farbfotos, Pappband. ●

Kochen in höchster Vollendung
Aus vier Elementen ist alles zusammengefügt (Theophrast). (4291-4) Von M. Wissing, M. Kirsch, 160 S., 230 Farbfotos, Leinen geprägt mit Schutzumschlag, im Schuber, **DM 98,–**, S 784.– , Fr 94,10

Mit Lust und Liebe
Kochen mit den Meistern
(4445-3) 176 S., 132 Farbfotos, 50 Graffiti, Pappband. ●●●

Zaubern mit der schnellen Welle
Die neue Mikrowellenküche
(4289-2) Von F. Faist, 208 S., 188 Farbfotos, Pappband. ●●●

Ganz und gar mit Mikrowellen
(4094-6) Von T. Peters, 208 S., 24 Farbfotos, 12 Zeichnungen, kart. ●●

Schnell auf den Tisch gezaubert
Kochen mit Mikrowellen
(0818-X) Von A. Danner, 64 S., 52 Farbfotos, Pappband. ●

Das neue Mikrowellen-Kochbuch
(0434-6) Von H. Neu, 80 S., 4 Farbtafeln, 16 s/w Zeichnungen, kart. ●

Knusprig braten und backen im
Mikrowellen-Kombigerät
(0996-X) Von T. Peters, 128 S., 108 Farbfotos, kartoniert. ●●

Leicht und vitaminreich
Vegetarische Mikrowellenküche
(0995-X) Von F. Faist, 118 S., 103 Farbfotos, kartoniert. ●●

Schnell und individuell
Mikrowellenküche für Singles
(0997-6) Von A. Görgens, 118 S., 103 Farbfotos, kartoniert. ●●

Vom ersten Versuch zum Menü
Mikrowellenküche leicht gemacht
(0994-1) Von T. Peters, 112 S., 100 Farbfotos, kartoniert. ●●

Zart gedünstet, schonend gegart
Fischgerichte aus der Mikrowellenküche
(1092-3) Von A. Ilies, 96 S., 103 Farbfotos, kartoniert. ●●

Köstliches ganz schnell gezaubert
Aufläufe aus der Mikrowellenküche
(1093-1) Von K. Kruse-Schorling, 96 S., 100 Farbfotos, kartoniert. ●●

Natürlich Kochen im
Mikrowellen-Römertopf
(0947-X) Von F. Faist, 96 S., 8 Farbt., kart. ●

Köstliches aus dem Tontopf
(0442-7) Von A. u. G. Eckert, 80 S., 8 Farbtafeln, kart. ●

Das neue Fritieren
geruchlos, schmackhaft und gesund.
(0365-X) Von P. Kühne, 88 S., 8 Farbtafeln, kart. ●

Goldbraun und knusprig
Fritierte Leckerbissen
(0868-6) Von F. Faist, 64 S., 47 Farbfotos, Pappband. ●

Schnell und gut gekocht
Die tollsten Rezepte für den Schnellkochtopf.
(0265-3) Von J. Ley, 96 S., 8 Farbtafeln, kart. ●

Italienische Vorspeisen Antipasti
(1006-0) Von S. Reiter-Westphal, 64 S., 47 Farbfotos, Pappband. ●

Pizza, Pasta und die feine italienische
Küche
(4270-1) Von R. Rudatis, 120 S., 255 Farbfotos, Pappband. ●●

Schlemmerreise durch die
Italienische Küche
(4172-1) Von V. Pifferi. 160 S., 109 Farbfotos, Pappband. ●●●

Schlemmen wie bei Mamma Maria
Pizzas
(0815-5) Von F. Faist, 64 S., 62 Farbfotos, Pappband. ●

Spaghetti, Tagliatelle + Co.
Pasta all'italiana
(1004-4) Von I. Seyric, 64 S., 57 Farbfotos, Pappband. ●

Pikantes und Süßes mit französischem
Charme Bistro-Küche
(4428-3) Von V. Müller, 160 S., 130 Farbfotos, Pappband. ●●●

Schlemmerreise durch die
Französische Küche
(4296-5) Von H. Imhof, 160 S., 147 Farbfotos, 3 s/w-Fotos, Pappband. ●●●

Schlemmerreise durch die
Chinesische Küche
(4184-5) Von K. H. Jen, 160 S., 117 Farbfotos, Pappband. ●●

Verheißungsvoll fernöstlich
Spezialitäten aus dem Wok
(0933-X) Von H. K. Jen, 64 S., 56 Farbfotos, Pappband. ●

Mit Lust und Liebe Chinesisch Kochen
(4441-0) Von Ho Fu-Lung, Uli Franz, 176 S., 189 Farbfotos, 29 Zeichnungen, Pappband. ●●●●

Chinesisch kochen
mit dem Wok- und Mongolentopf.
(0557-1) Von C. Korn, 64 S., 8 Farbt., kart. ●

Die hier vorgestellten Bücher, Videokassetten und Software sind in folgende Preisgruppen unterteilt:

● Preisgruppe bis   DM 10,–/S 79,–/SFr.10   ●●● Preisgruppe über DM 20,– bis DM 30,–   ●●●● Preisgruppe über DM 30,– bis DM 50,–
●● Preisgruppe über DM 10,– bis DM 20,–   S 161,– bis S 240,–   S 241,– bis S 400,–
               S 80,– bis S 160,–   SFr. 20,– bis SFr. 29,–   SFr. 29,– bis SFr. 48,–
      SFr. 10,– bis SFr. 20,–   ●●●● Preisgruppe über DM 50,–/S 401,–/SFr.48,–   *(unverbindliche Preisempfehlung)
Die Preise entsprechen dem Status beim Druck dieses Verzeichnisses (s. Seite 1) – Änderungen, im besonderen der Preise, vorbehalten –

Falken-Verlag GmbH · Postfach 1120   **D-6272 Niedernhausen/Ts. · Tel.: 0 6127/70 20**

Mehr Freude und Erfolg beim **Grillen** (**4141**-1) Von A. Berliner, 160 S., 147 Farbfotos, 10 farbige Zeichnungen, Pappband. ●●●

Köstliches von Rost und Spieß **Grillen** (**0931**-3) Von A. Kalcher-Dähn, H. K. Kalcher, 64 S., 43 Farbfotos, Pappband. ●

Bocuse à la carte Französisch kochen mit dem Meister. (**4237**-X) Von P. Bocuse, 88 S., 218 Farbfotos, Pappband. ●

Französische Küche (**0685**-2) Von M. Gutta, 96 S., 16 Farbt., kart. ●

Fondues · Raclettes · Flambiertes (**4081**-4) Von R. Peiler und M.-L. Schult, 136 S., 15 Farbtafeln, 28 Zeichnungen, kart. ●●

Fondues und fritierte Leckerbissen. (**0471**-0) Von S. Stein, 96 S., 8 Farbtafeln, kart. ●

Rezepte rund um Raclette und Doppeldecker (**0420**-6) Von J. W. Hochscheid, 72 S., 8 Farbtafeln, kart. ●

Schlemmen in geselliger Runde **Fleischfondues** (**0966**-6) Von M. Spötter, 64 S., 62 Farbfotos, Pappband. ●

Fondues und Raclettes (**4253**-1) Von F. Faist, 160 S., 125 Farbfotos, Pappband. ●●●

Neue, raffinierte Rezepte mit dem **Raclette-Grill** (**0558**-X) Von L. Helger, 72 S., 8 Farbt., kart. ●

Schmelzendes Käsevergnügen **Raclette** (**0881**-3) Von F. Faist, 48 S., 33 Farbfotos, Pappband. ●

Kulinarischer Feuerzauber **Flambieren** (**4294**-9) Von R. Wesseler, 120 S., 100 Farbfotos, Pappband. ●●●

Das köstliche knackige Schlemmervergnügen **Salate** (**4165**-9) Von V. Müller, 160 S., 80 Farbfotos, Pappband. ●●●

Köstliche Salate zum Verwöhnen (**0222**-X) Von C. Schönherr, 96 S., 8 Farbtafeln, 30 Zeichnungen, kart. ●

Frisch und leicht als Hauptgericht **Schlemmersalate** (**0934**-1) Von C. Adam, 64 S., 49 Farbfotos, Pappband. ●

Köstlich frisch auf den Tisch **Rohkostsalate** (**0865**-1) Von C. Adam, 48 S., 26 Farbfotos, Pappband. ●

Raffiniert und gesund würzen **Kräuterküche** (**0869**-4) Von A. Görgens, 48 S.,43 Farbfotos, Pappband. ●

Miekes Kräuter- und Gewürzkochbuch (**0323**-4) Von I. Persy, K. Mieke, 88 S., 4 Farbtafeln, kartoniert. ●

Joghurt, Quark, Käse und Butter Schmackhaftes aus Milch hausgemacht. (**0739**-6) Von M. Bustorf-Hirsch, 32 S., 59 Farbabb., Pappband. ●

Gesund und vielseitig **Alles mit Joghurt** täglich selbstgemacht, mit vielen Rezepten. (**0382**-6) Von G. Volz, 64 S., 8 Farbt., kart. ●

Locker, flockig, leicht… **Müsli & Co** (**0965**-8) Von C. Adam, 64 S., 42 Farbfotos, Pappband. ●

Bärenstark und kerngesund **Vollwertkost für Kinder** (**0968**-2) Von S. Reiter, 64 S., 44 Farbfotos, Pappband. ●

Gesunde Ernährung für mein Kind (**0776**-6) Von M. Bustorf-Hirsch, 112 S., 8 Farbtafeln, 5 s/w-Zeichnungen, kart. ●

Das Getreidemühlenkochbuch (**1017**-6) Von M. Burstorf-Hirsch, 112 S., 8 Farbtafeln, kartoniert. ●

Meine Vollkornküche Herzhaftes von echtem Schrot und Korn (**0858**-9) Von S. Walz, 96 S., 8 Farbt., kart. ●

Die abwechslungsreiche Vollwertküche Vitaminreich und naturbelassen kochen und backen. (**4229**-9) Von M. Bustorf-Hirsch, K. Siegel, 280 S., 31 Farbtafeln, 78 Zeichnungen, Pappband. ●●●●

Die verlockende Alternative **Süße Vollwertküche** (**0936**-4) Von A. Roßmeier, 64 S., 50 Farbfotos, Pappband. ●

Die gesunde Art, sich zu verwöhnen **Vollwertküche für Singles** (**0937**-2) Von A. Görgens, 64 S., 43 Farbfotos, Pappband. ●

Dinkel, Hirse, Roggenkorn …: **Kerniges aus der Getreideküche** (**0932**-1) Von S. Frank, 64 S., 49 Farbfotos, Pappband. ●

Die feine Vollwertküche (**4286**-8) Von M. Bustorf-Hirsch, 160 S., 83 Farbfotos, Pappband. ●●●

Mit Lust und Liebe… **Vollwertküche für Genießer** (**4412**-4) Von Prof. Dr. C. Leitzmann, H. Million, 256 S., 329 Farbfotos, Pappband. ●●●●

Naturküche à la carte (**4406**-2) Von M. Wissing, M. Kirsch, 160 S., 179 Farbfotos, Pappband. ●●●

Biologische Ernährung für eine natürliche und gesunde Lebensweise. (**4125**-X) Von G. Leibold, 136 S., 15 Farbtafeln, 47 Zeichnungen, kart. ●●

Die feine Vegetarische Küche (**4235**-3) Von F. Faist, 160 S., 191 Farbfotos, Pappband. ●●●

Schmackhafte Vollwertkost ohne tierisches Eiweiß (**0993**-3) Von M. Bustorf-Hirsch, 96 S., 54 Farbfotos, kartoniert. ●●

Cholesterinarm kochen und genießen (**4442**-9) Von R. Unsorg, 168 S., 132 Farbfotos, kartoniert. ●●●

Die aktuelle **Cholesterintabelle** (**1088**-5) Von Dr. H. Oberritter, 84 S., 12 zweifarbige Grafiken, kartoniert. ●

Würzig kochen ohne Salz (**0922**-4) Von S. Roediger-Streubel, 160 S., 16 Farbtafeln, kart. ●●

Alternativ essen **Die gesunde Sojaküche.** (**0553**-9) Von U. Kolster, 112 S., 8 Farbt., kart. ●

Kochen mit Tofu Die gesunde Alternative. (**0894**-5) Von U. Kolster, 80 S., 8 Farbtafeln, kart. ●

Gesund kochen mit Keimen und Sprossen (**0794**-9) Von M. Bustorf-Hirsch, 96 S., 4 Farbtafeln, 13 s/w-Zeichnungen, kart. ●

Keime und Sprossen in der Naturküche (**4299**-X) Von M. Bustorf-Hirsch, 144 Farbfotos, Pappband. ●●

Backen mit Lust und Liebe (**4284**-1) Von M. Schumacher, R. Krake, 242 S., 348 Farbfotos, 18 farb. Vignetten, 3 vierseitige Ausklapptafeln, Pappband. ●●●●

Tortenträume und Kuchenfantasien Gebackene Köstlichkeiten originell dekoriert und verziert. (**0823**-6) Von F. Faist, 80 S., 150 Farbfotos, kart. ●●

Waffeln Hörnchen, Pfannkuchen und Crêpes. (**0522**-9) Von C. Stephan, 64 S., 8 Farbtafeln, kart. ●

Mehr Freude und Erfolg beim **Brotbacken** (**4148**-9) Von A. und G. Eckert, 160 S., 177 Farbfotos, Pappband. ●●●

Selbst Brotbacken Über 50 erprobte Rezepte. (**0370**-6) Von A. und G. Eckert, 80 S., 4 Zeichnungen, 4 Farbtafeln, kart. ●

Meine Vollkornbackstube Brot · Kuchen · Aufläufe. (**0616**-0) Von R. Raffelt, 96 S., 4 Farbtafeln, 12 Zeichnungen, kart. ●

Mit Körnern, Zimt und Mandelkern **Vollkorngebäck** (**0816**-3) Von M. Bustorf-Hirsch, 48 S., 39 Farbfotos, Pappband. ●

Knusprig, kernig, urgesund **Vollkornbrot** (**0938**-0) Von S. Reiter, 64 S., 46 Farbfotos, Pappband. ●

Weihnachtsbäckerei Köstliche Plätzchen, Stollen, Honigkuchen und Festtagstorten. (**0682**-9) Von M. Sauerborn, 32 S., 34 Farbfotos, Pappband. ●

Meine Weihnachtsbackstube (**5163**-8) Von M. Sauerborn, 32 S., 23 Farbfotos, mit Vorlagebogen in Originalgröße, kart. ●

Süße Verführungen **Desserts** (**0885**-6) Von M. Bacher, 64 S., 75 Farbfotos, Pappband. ●

Süße Geheimnisse eiskalt gelüftet **Eis und Sorbets** (**0870**-8) Von H. W. Liebheit, 48 S., 38 Farbfotos, Pappband. ●

Raffiniertes mit **Eis** Drinks/Desserts/Eissorten (**1029**-X) Von. F. Hoffmann, 64 S., 74 Farbfotos, Pappband. ●

Zart schmelzende Versuchungen **Schokolade** (**0819**-8) Von J. Schroer, 48 S., 53 Farbfotos, Pappband. ●

Mitbringsel aus meiner Küche selbst gemacht und liebevoll verpackt. (**0668**-3) Von C. Schönherr, 32 S., 30 Farbfotos, Pappband. ●

Marmeladen, Gelees und Konfitüren Köstlich wie zu Omas Zeiten – einfach selbstgemacht. (**0720**-5) Von M. Gutta, 32 S., 23 Farbfotos, 1 Zeichnung, Pappband. ●

Einkochen, Einlegen, Einfrieren (**4055**-5) Von B. Müller, 152 S., 27 s/w-Abb., 16 Farbtafeln, kart. ●●

Haltbarmachen in der Öko-Küche Gesunde Konservierungsmethoden für Obst, Gemüse, Kräuter und Pilze. (**0923**-2) Von M. Bustorf-Hirsch, 120 S., 92 Farbabb., kart. ●●

Komm, koch und back mit mir Kunterbuntes Kochvergnügen für Kinder. (**4285**-X) Von und H. Theilig, illustriert von B. v. Hayek, 112 S., 45 Farbabb., Pappband. ●●

Kinder lernen spielend backen (**5110**-7) Von M. Gutta, 64 S., 50 Farbfotos, Pappband. ● ●

2

Kinder lernen spielend kochen
Lieblingsgerichte mit viel Spaß selbst zubereitet
(**5096**-8) Von M. Gutta, 64 S., 45 Farbfotos, Pappband. ●●

Mit Lust und Liebe **Kalte Platten & Buffets**
Anrichten und Garnieren
(**4427**-5) Von P. Grotz, 176 S., 228 Farbfotos, Pappband. ●●●●

Garnieren und Verzieren
(**4236**-1) Von R. Biller, 160 S., 329 Farbfotos, 57 Zeichnungen, Pappband. ●●●

Köstlichkeiten für Gäste und Feste
Kalte Platten
(**4200**-0) Von I. Pfliegner, 160 S., 130 Farbfotos, Pappband. ●●●

Wenn Gäste kommen…
Kalte Küche
(**1060**-5) Von A. Ilies, 64 S., 49 Farbfotos, Pappband. ●

Fein und raffiniert
Canapés und kleine Köstlichkeiten
(**0963**-1) Von H. Imhof, 64 S., 53 Farbfotos, Pappband. ●

Festlich kochen und backen
für Advent und Weihnachten
(**4443**-7) Von A. Guter, 96 S., 66 Farbfotos, 1 s/w-Foto, Pappband. ●●

Der perfekt gedeckte Tisch
(**1028**-1) Von H. Tapper, 80 S., 161 Farbfotos, 13 Zeichnungen, kartoniert. ●●

Der schön gedeckte Tisch
Vom einfachen Gedeck bis zur Festtafel stimmungsvoll und perfekt arrangiert.
(**4246**-1) Von H. Tapper, 112 S., 206 Farbfotos, 20 s/w-Abbildungen, Pappband. ●●●

Servietten falten
80 Ideen für schön gedeckte Tische
(**1042**-7) Von M. Müller, O. Mikolasek, 80 S., 289 Farbfotos, 50 Zeichnungen, kartoniert. ●●

Phantasievolle Tischdekorationen selber machen
(**0984**-4) Von Y. Thalheim, H. Nadolny, 80 S., 174 Farbfotos, 21 Zeichnungen, kart. ●●

Tischkarten dekorativ gestalten
aus allerlei Material für viele Anlässe
(**0946**-1) Von H. York, 32 S., 108 Farbfotos, Pappband. ●

Servietten dekorativ falten
Geschmackvolle Anregungen aus Stoff und Papier. (**0804**-X) Von H. Tapper, 32 S., 134 Farbfotos, Pappband. ●

Tee für Genießer
Sorten · Riten · Rezepte. (**0356**-0) Von M. Nicolin, 64 S., 4 Farbtafeln, kart. ●

Weinlexikon
Wissenswertes über die Weine der Welt.
(**4149**-7) Von U. Keller, 228 S., 6 Farbtafeln, 395 s/w-Fotos, Pappband. ●●●

Weine und Säfte, Liköre und Sekt
selbstgemacht. (**0702**-7) Von P. Arauner, 232 S., 76 Abb., kart. ●●

Fruchtig, spritzig, eisgekühlt
Mixen ohne Alkohol
(**0935**-6) Von S. Späth, 64 S., 44 Farbfotos, Pappband. ●

Cocktails
(**4267**-1) Von W. R. Hoffmann, W. Hubert, U. Lottring, 160 S., 164 Farbfotos, 1 s/w-Foto, Pappband. ●●●

Cocktails und Mixereien
für häusliche Feste und Feiern. (**0075**-8) Von J. Walker, 96 S., 4 Farbtafeln, kart. ●

Neue Cocktails und Drinks
mit und ohne Alkohol. (**0517**-2) Von S. Späth, 128 S., 4 Farbtafeln, kart. ●

Die besten Punsche, Grogs und Bowlen
(**0575**-X) Von F. Dingden, 64 S., 4 Farbt., kart. ●

SLIM
Der neue, individuelle Schlankheitsplan
(**4277**-9) Von Prof. Dr. E. Menden, W. Aign 120 S., 440 Farbfotos, Pappband. ●●●

Schlank werden nach Dr. Hay **Trennkost**
Die bewährten Vollwert-Rezepte von Ursula Summ. (**4298**-1) Von U. Summ, 96 S., 54 Farbfotos, 1 Zeichnung, kart. ●●

Eßlust statt Diätfrust
Die Pfundskur
(**1102**-4) Von Prof. Dr. V. Pudel, 144 S., 8 s/w-Zeichnungen, 4 Vignetten, kartoniert. ●

Vitamine und Ballaststoffe
So ermittle ich meinen täglichen Bedarf
(**0746**-9) Von Prof. Dr. M. Wagner, I. Bongartz, 96 S., 6 Farbfotos, zahlreiche farb. Tabellen, kart. ●

Kalorien – Joule
Eiweiß · Fett · Kohlenhydrate tabellarisch nach gebräuchlichen Mengen. (**0374**-9) Von M. Bormio, 88 S., kart. ●

Hobby und Freizeit

Falken-Handbuch
Zeichnen und Malen
(**4167**-5) Von B. Bagnall, 336 S., 1154 Farbabb., Pappband. ●●●●●

Das große farbige PLAKA-Buch
Malen und Basteln
(**4402**-X) Von H.-J. Giesecke, 192 S., 224 Farbfotos, 20 Farb- und 4 s/w-Zeichnungen, Pappband. ●●●

Einmal grad und einmal krumm
Zeichenstunden für Kinder. (**0599**-7) Von H. Witzig, 144 S., 363 Abb. kart. ●

Punkt, Punkt, Komma, Strich
Zeichenstunden für Kinder
(**0564**-4) Von H. Witzig, 144 S., über 250 Zeichnungen, kart. ●

Figürliches Zeichnen
leicht gemacht
(**1010**-9) Von H. Witzig, 112 S., 462 Figuren, kartoniert. ●

Spielend zeichnen lernen mit den Montagsmalern
(**0974**-7) Von G. Lages, Sigi-Harreis, 112 S., 326 s/w-Zeichnungen, kartoniert. ●●

Kalligraphie
Die Kunst des schönen Schreibens
(**4263**-9) Von C. Hartmann, 120 S., 44 Farbvorlagen, 29 s/w-Vorlagen, 47 s/w-Zeichnungen, 38 Farbfotos, Pappband. ●●●

Gestalten mit Schrift
Kalligraphie
(**1044**-3) Von I. Schade, 80 S., 2 Farb- und 1 s/w Foto, 143 Farbzeichnungen, kartoniert. ●

Aquarellmalerei
als Kunst und Hobby (**4147**-0) Von H. Haack, B. Wersche, 136 S., 62 Farbfotos, 119 Zeichnungen, Pappband. ●●●●

Aquarellmalerei leicht gelernt
Materialien · Techniken · Motive.
(**0787**-6) Von T. Hinz, R. Braun, B. Zeidler, 32 S., 38 Farbfotos, 1 Zeichn., Pappband. ●

Hobby Aquarellmalen
Landschaft und Stilleben. (**0876**-7) Von I. Schade, A. Brück, 80 S., 111 Farbabb., kart. ●●

Hobby Ölmalerei
Landschaft und Stilleben. (**0875**-9) Von H. Kämper, I. Becker, 80 S., 93 Farbabb., kart. ●●

Hobby Bauernmalerei
(**0436**-2) Von S. Ramos und J. Roszak, 80 S., 116 Farbf. und 28 Motivvorlagen, kart. ●●

Bauernmalerei
Kreatives Hobby nach alter Volkskunst
(**5039**-9) Von S. Ramos, 64 S., 85 Farbfotos, Pappband. ●●

Seidenmalerei in Vollendung
(**4414**-3) Hrsg. von R. Smend, 160 S., 227 Farbfotos, 36 s/w-Fotos, geprägter Leineneinband mit Schutzumschlag, im Schuber, **DM 98,–**, S 784,–, Fr 90,20

Seidenmalerei als Kunst und Hobby
(**4264**-7) Von S. Hahn, 136 S., Farbabb., 1 s/w-Foto, Pappband. ●●●●

Hobby Seidenmalerei
(**0611**-X) Von R. Henge, 88 S., 106 Farbfotos, 28 Zeichnungen, kart. ●●

Neue zauberhafte Seidenmalerei
Motive und Anregungen aus der Natur.
(**0924**-0) Von R. Henge, 80 S., 148 Farbfotos, 27 s/w-Zeichnungen, kart. ●●

Kunstvolle Seidenmalerei
Mit ausführlichen Ideen zum Nachgestalten
(**0783**-3) Von I. Demharter, 32 S., 56 Farbfotos, Pappband. ●

Zauberhafte Seidenmalerei
Materialien · Techniken · Gestaltungsvorschläge. (**0664**-0) Von E. Dorn, 32 S., 62 Farbfotos, Pappband. ●

Aquarellieren auf Seide
Materialien · Techniken · Motive
(**0917**-8) Von I. Demharter, 32 S., 41 Farbfotos, Pappband. ●

Seidenmalerei Landschaften
(**5153**-0) Von D. Kosik, 32 S., 50 Farbfotos, 12 Zeichnungen, mit Vorlagebogen in Originalgröße, kart. ●

Seidenmalerei Kissen
(**5151**-4) Von I. Demharter, 32 S., 42 Farbfotos, 2 Zeichnungen, mit Vorlagebogen in Originalgröße, kart. ●

Seidenmalerei Blusen und T-Shirts
(**5184**-0) Von A. Keller, 32 S., 28 Farbfotos, 12 Zeichnungen, mit Vorlagebogen in Originalgröße, kartoniert. ●

Seidenmalerei Tücher und Schals
(**5152**-2) Von R. Henge, 32 S., 36 Farbfotos, 1 Zeichnung, mit Vorlagebogen in Originalgröße, kart. ●

Seidenmalerei Taschen und Gürtel
(**5194**-8) Von S. Tichy-Gibley, 32 S., 30 Farbfotos, 8 Farbzeichnungen, mit Vorlagebogen in Originalgröße, kartoniert. ●

Seidenmalerei Lampenschirme
(**5154**-9) Von I. Walter-Ammon, 32 S., 47 Farbfotos, 1 Zeichnung, mit Vorlagebogen in Originalgröße, kart. ●

Seidenmalerei Blüten, Blätter, Ranken
(**5165**-4) Von D. Kosik, 32 S., 35 Farbfotos, 2 Zeichnungen, mit Vorlagebogen in Originalgröße, kart. ●

Seidenmalerei Schmuckkarten und Miniaturbilder
(**5166**-2) Von I. Walter-Ammon, 32 S., 37 Farbfotos, 2 Zeichnungen, mit Vorlagebogen in Originalgröße, kart. ●

Seidenmalerei Bilder in Konturentechnik
(**5182**-4) Von I. Demharter, 32 S., 28 Farbfotos, 4 Zeichnungen, mit Vorlagebogen in Originalgröße, kartoniert. ●

Falken-Handbuch **Häkeln**
ABC der Häkeltechniken und Häkelmuster in ausführlichen Schritt-für-Schritt-Bildfolgen.
(**4194**-2) Von H. Fuchs, M. Natter, 288 S., 1073 Farbabb., Pappband. ●●●●

Das moderne Standardwerk von der Expertin
Perfekt Stricken
Mit Sonderteil Häkeln. (**4250**-2) Von H. Jaacks, 256 S., 703 Farbfotos, 169 Farb- und 121 s/w-Zeichnungen, Pappband. ●●●

Falken-Handbuch Stricken
ABC der Stricktechniken und Strickmuster in ausführlichen Schritt-für-Schritt-Bildfolgen. (**4137**-3) Von M. Natter, 312 S., 106 Farb- und 922 s/w-Fotos, 318 Zeichnungen, Pappband. ●●●●

Hobby Patchwork und Quilten
(**0768**-X) Von B. Staub-Wachsmuth, 80 S., 108 Farbabb., 43 Zeichnungen, kart. ●●

Hobby Applikationen
Materialien · Techniken · Modelle (**0899**-6) Von H. Probst-Reinhardt, 80 S., 92 Farbfotos, 31 Zeichnungen, kart. ●●

Hobby Spitzencollagen
Bezaubernde Motive aus edlem Material (**0847**-3) Von H. Westphal, 80 S., 186 Farbfotos, kart. ●●

Falken-Handbuch Nähen
Abc der Nähtechniken und kreative Modellschneiderei in ausführlichen Schritt-für-Schritt-Bildfolgen. (**4272**-8) Von A. Bree, 320 S., 1142 Abbildungen, Schnittmusterbogen für alle Modelle, Pappband. ●●●●

Marionetten
selbst bauen und führen (**1043**-5) Von D. Köhnen, 80 S., 162 Farbfotos, mit Schnittmusterbogen, kartoniert. ●●

Zauberhafte alte Puppen
Sammeln · Restaurieren · Nachbilden (**4255**-8) Von C.A. Stanton, J. Jacobs, 120 S., 157 Farbfotos, 24 Zeichnungen, Pappband. ●●●●

Selbstgestrickte Puppen
Materialien und Arbeitsanleitungen (**0638**-1) Von B. Wehrle, 32 S., 21 Farbfotos, 24 Zeichnungen, Pappband. ●

Puppen zum Liebhaben
(**5199**-9) Von B. Wehrle, 32 S., 27 Farbfotos, 9 s/w-Zeichnungen, mit Vorlagebogen in Originalgröße, kartoniert. ●

Kuscheltiere stricken und häkeln
Arbeitsanleitungen und Modelle. (**0734**-5) Von B. Wehrle, 32 S., 60 Farbfotos, 28 Zeichnungen, Pappband. ●

Phantasiepuppen stricken und häkeln
Märchenhafte Modelle mit Arbeitsanleitungen. (**0813**-9) Von B. Wehrle, 32 S., 26 Farbfotos, 46 Zeichnungen, Pappband. ●

Teddybären
Sechs liebende Modelle (**5159**-X) Von Y. Thalheim, H. Nadolny, 32 S., 46 Farbfotos, 9 Zeichnungen, mit Vorlagebogen in Originalgröße, kart. ●

Heißgeliebte Teddybären
Selbermachen · Sammeln · Restaurieren. (**0900**-3) Von H. Nadolny, Y. Thalheim, 80 S., 119 Farbfotos, 23 s/w-Zeichnungen, 14 S. Schnittmusterbogen, kart. ●●

Hobby Salzteig
(**0662**-4) Von I. Kiskalt, 80 S., 150 Farbfotos, 5 Zeichnungen, Schablonen, kart. ●●

Neue zauberhafte Salzteig-Ideen
(**0719**-1) Von I. Kiskalt, 80 S., 324 Farbfotos, 12 Zeichnungen, Schablonen, kart. ●●

Kreatives Gestalten mit Salzteig
Originelle Motive für Fortgeschrittene (**0769**-8) Hrsg. I. Kiskalt, 80 S., 168 Farbfotos, kart. ●●

Originell und dekorativ
Salzteig mit Naturmaterialien
(**0833**-3) Von A. und H. Wegener, 80 S., 166 Farbfotos, kart. ●●

Salzteig kinderleicht
(**0973**-9) Von I. Kiskalt, 80 S., 224 Farbfotos, 8 Zeichnungen, kart. ●●

Töpfern
als Kunst und Hobby. (**4073**-3) Von J. Fricke, 132 S., 37 Farbfotos, 222 s/w-Fotos, Pappband. ●●●●

Kreatives Gestalten mit Ton
Töpfern ohne Scheibe – Aufbaukeramik
(**0896**-1) Von A. Riedinger, 80 S., 207 Farbfotos, 16 Zeichnungen, 7 Vignetten, kart. ●●

Kreatives Gestalten mit Ton
Töpfern auf der Scheibe
(**0971**-2) Von A. Riedlinger, 80 S., 28 Farbund 3 s/w-Zeichng., 178 Farbfotos, kartoniert. ●●

Edles Porzellan
(**4437**-2) Von M. Lutze, Prof. E. Lessing, 160 S., 175 Farbfotos, Leineneinband, mit Schutzumschlag, im Schuber. ●●●●●

Hobby Glaskunst in Tiffany-Technik
(**0781**-7) Von N. Köppel, 80 S., 194 Farbfotos, 6 s/w-Abb., kart., ●●

Tiffany-Lampen selbermachen
Arbeitsanleitung · Materialien · Modelle (**0684**-5) Von I. Spliethoff, 32 S., 60 Farbfotos, 19 Zeichnungen, Pappband. ●

Fensterbilder in Tiffany-Technik
(**5168**-9) Von P. Matz, 32 S., 43 Farbfotos, mit Vorlagebogen in Originalgröße, kart. ●

Tiffany-Schmuck selbermachen
Materialien · Arbeitsanleitungen · Modelle (**0871**-6) Von B. Poludniak, H. G. Scheib, 32 S., 55 Farbfotos, Pappband. ●

Tiffany-Technik
und andere kunstvolle Arbeiten in Glas (**0972**-0) Von. D. Köhnen, 80 S., 176 Farbfotos, 5 s/w-Zeichnungen, kart. ●●

Tiffany-Gürtelschnallen
(**5160**-3) Von G.G. Scheib, R. Grella, 32 S., 52 Farbfotos, 1 Zeichnung, mit Vorlagebogen in Originalgröße, kart. ●

Schmuck, Accessoires und Dekoratives
aus Fimo modelliert (**0873**-2) Von A. Aurich, 32 S., 54 Farbfotos, Pappband. ●

Modeschmuck mit Federn und Straß
(**5167**-0) Von J. Niemeier, 32 S., 41 Farbfotos, mit Vorlagebogen in Originalgröße, kart. ●

Modeschmuck selbst modellieren
(**5196**-4) Von K. Eichler, 32 S., 51 Farbfotos, mit Vorlagebogen in Originalgröße, kartoniert. ●

Modeschmuck in vielen Variationen
(**5180**-8) Von A. Hahn, 32 S., 39 Farbfotos, 3 Zeichnungen, mit Vorlagebogen in Originalgröße, kartoniert. ●

Exklusiver Modeschmuck
aus dem eigenen Atelier (**0925**-9) Von J. Niemeier, J. Klein, 80 S., 141 Farbfotos, 25 Zeichnungen, kart. ●●

Masken
phantasievoll dekorieren (**5155**-7) Von Chr. Familler, 32 S., 48 Farbfotos, mit Vorlagebogen in Originalgröße, kart. ●

Bastelspaß mit der Laubsäge
Mit Schnittmusterbogen für viele Modelle in Originalgröße. (**0741**-8) Von L. Giesche, M. Bausch, 32 S., 61 Farbfotos, 7 Zeichnungen, Schnittmusterbogen, Pappband. ●

Strohschmuck selbstgebastelt
Sterne, Figuren und andere Dekorationen (**0740**-X) Von E. Rombach, 32 S., 60 Farbfotos, 17 Zeichnungen, Pappband. ●

Hobby Drachen
bauen und steigen lassen. (**0767**-1) Von W. Schimmelpfennig, 80 S., 1 dreiseitige Ausklapptafel, 55 Farbfotos, 139 Zeichnungen kart. ●●

Lenkdrachen
bauen und fliegen (**1011**-7) Von W. Schimmelpfennig, 64 S., 51 Farbfotos und 126 Zeichnungen, kartoniert. ●●

Drachen
Einfache Modelle für Kinder (**5156**-5) Von W. Schimmelpfennig, 32 S., 11 Farbfotos, 31 Zeichnungen, mit Vorlagebogen in Originalgröße, kart. ●

Das große farbige
Bastelbuch für Kinder
(**4254**-X) Von U. Barff, I. Burkhardt, J. Maier. 224 S., 130 Farbfotos, 430 Farb- und 60 s/w-Zeichnungen, mit Schnittmusterbogen, Pappband. ●●●

Hobby Origami
Papierfalten für groß und klein (**0756**-6) Von Z. Aytüre-Scheele, 80 S., 820 Farbfotos, kart. ●●

Neue zauberhafte Origami-Ideen
Papierfalten für groß und klein (**0805**-8) Von Z. Aytüre-Scheele, 80 S., 720 Farbfotos, kart. ●●

Zauberwelt Origami
Tierfiguren aus Papier (**1045**-1) Von Z. Aytüre-Scheele, 80 S., 660 Farbfotos, kartoniert. ●●

Origami –
Die Kunst des Papierfaltens. (**0280**-7) Von R. Harbin, 112 S., 633 Zeichnungen, 9 Fotos, kart. ●

Heut basteln wir mit Pappe und Papier
(**4413**-5) Von U. Barff, J. Maier, 224 S., 117 Farbfotos, 480 Farbzeichnungen, 25 s/w-Abbildungen, mit Schnittmusterbogen, Pappband. ●●●

Das große farbige Bastel- und Werkbuch
(**4439**-9) Von D. Rex, 256 S., 999 Farbfotos, 33 Farbzeichnungen, Pappband. ●●●●

Schritt für Schritt zum Scherenschnitt
Materialien · Techniken · Gestaltungsvorschläge. (**0732**-9) Von H. Klingmüller, 32 S., 38 Farbfotos, 34 Vorlagen, Pappband. ●

Fensterbilder in Scherenschnitt
(**5169**-7) Von J. Maier, 32 S., 52 Farbfotos, 3 s/w-Fotos, mit Vorlagebogen in Originalgröße, kart. ●

Fensterbilder aus Papier
(**5158**-1) Von E. Rüscher, 32 S., 39 Farbfotos, 5 Zeichnungen und 6 Vorlagen in Originalgröße, kart. ●

Fensterbilder
Meine Lieblingstiere
(**5197**-2) Von Y. Thalheim, H. Nadolny, 32 S., 38 Farbfotos, mit Vorlagebogen in Originalgröße, kart. ●

Die schönsten Fensterbilder
(**1066**-4) Von C. Kimmerle, 64 S., 100 Farbfotos, kartoniert. ●●

Perfekte Fensterbilder
(**4470**-4) Von S. Haenitsch-Weiß, A. Weiß, 8 vierfarbige Bogen 280-g-Karton mit Stanzung + 16 S. zweifarbige Ein/Anleitung. ●●

Märchenhafte Fensterbilder
(**5185**-9) Von J. Maier, 32 S., 37 Farbfotos, mit Vorlagebogen in Originalgröße, kartoniert. ●

Fensterbilder Blumen und Tiere
(**5186**-7) Von M. Twachtmann, 32 S., 41 Farbfotos, 3 Zeichnungen, mit Vorlagebogen in Originalgröße, kartoniert. ●

Papierflieger
(**5157**-3) Von T. Gött, 32 S., 73 Farbfotos, 19 Zeichnungen, mit Vorlagebogen in Originalgröße, kart. ●

Mobiles aus Papier
(**5183**-2) Von J. Maier, 32 S., 17 Farbfots, 35 Farbzeichnungen, mit Vorlagebogen in Originalgröße, kartoniert. ●

Schachteln basteln und dekorieren
(**5170**-0) Von Chr. Adjano, 32 S., 55 Farbfotos, mit Vorlagebogen in Originalgröße, kart. ●

Die große Schachtelparade
(4438-0) Von Present Team, 16 vierfarbige Bogen 250-g-Karton mit Schachtelstanzung mit 4 S. Einleitung. ●●●

Deco Art
Die Kunst, Geschenke zu verpacken
(0949-6) Von B. Niermann, 80 S., 78 Farbfotos, 191 Zeichnungen, kart. ●●

Geschenkeverpacken für Kinderfeste
(5195-6) Von C. Netolitzky, 32 S., 43 Farbfotos, mit Vorlagebogen in Originalgröße, kartoniert. ●

Bunte Dekorationen für den Kindergeburtstag
Mit Spielanleitung zum Fest der Tiere
(4471-2) Von S. Haenitsch-Weiß, A. Weiß, 8 vierfarbige Bogen 280-g-Karton mit Stanzung + 16 S., zweifarbige Ein/Anleitung. ●●

Originelles Ambiente für Gäste
Festdekorationen
(1049-4) Von B. Niermann, 80 S., 125 Farbfotos, 59 Farbzeichng., kartoniert. ●●

Dekorieren und Arrangieren mit
Seidenblumen
(5200-6) Von M. L. Spang, 32 S., 37 Farbfotos, 14 Farbzeichnungen, mit Vorlagebogen in Originalgröße, kartoniert. ●

Tischkarten dekorativ gestalten
aus allerlei Material für viele Anlässe
(0946-1) Von H. York, 32 S., 108 Farbfotos, Pappband. ●

Glückwunschkarten
(5179-4) Von A. Kolb, B. Michel, 32 S., 54 Farbfotos, mit Vorlagebogen in Originalgröße, kartoniert. ●

Altes Brauchtum neu entdeckt
Schmuck-Eier
Kunstvoll gestalten und verzieren. (0919-4) Von I. Kiskalt, 32 S., 45 Farbfotos, 3 s/w-Zeichnungen, Pappband. ●

Dekorationen für Ostern
(5198-0) Von Y. Thalheim, H. Nadolny, 32 S., 48 Farbfotos, mit Vorlagebogen in Originalgröße, kartoniert. ●

Basteln für Ostern
(5164-6) Von Chr. Adjano, 32 S., 47 Farbfotos, mit Vorlagebogen in Originalgröße, kart. ●

Weihnachtsgeschenke schön verpacken
Schachteln · Dekorationen · Geschenkpapiere
(4469-0) Von Present Team, 10 vierfarbige Bogen 250-g-Karton mit Stanzung, 4 Bogen Geschenkpapier + 4 S. Einleitung. ●●●

Alle Jahre wieder…
Advent und Weihnachten
Basteln, Backen, Schmücken, Singen, Vorlesen, Feiern
(4260-4) Von H. und Y. Nadolny, 256 S., 105 Farbfotos, 130 Zeichn., Pappband. ●●●

Basteln und dekorieren für
Advent und Weihnachten
(4446-1) Von G. Teusen, C. Netolitzky, 176 S., 285 Farbfotos, mit Bastelvorlagebogen, Pappband. ●●●

Basteln für Weihnachten
(5162-X) Von Chr. Adjano, 32 S., 44 Farbfotos, mit Vorlagebogen in Originalgröße, kart. ●

Fensterdekorationen für die Weihnachtszeit
(5181-0) Von Y. Thalheim, H. Nadolny, 32 S., 33 Farbfotos, mit Vorlagebogen in Originalgröße, kartoniert. ●

Adventskalender
(5178-0) Von Y. Thalheim, H. Nadolny, 32 S., 35 Farbfotos, mit Vorlagebogen in Originalgröße, kartoniert. ●

Weihnachtsbasteleien
Advents- und Weihnachtsschmuck für groß und klein
(0667-5) Von M. Kühnle und S. Beck, 32 S., 56 Farbfotos, 6 Zeichnungen, Pappband. ●

Feuerzeichen behaglicher Wohnkultur
Kachelöfen, Kamine und Kaminöfen
(4288-4) Hrsg. von C. Berninghaus. Von R. Heinen, G. Kosicek, H.P. Sabborrosch, 168 S., 291 Farbfotos, 2 s/w-Fotos, 8 Zeichnungen, Pappband. ●●●●

Falken Handbuch
Heimwerken
Reparieren und Selbermachen im Haus und Wohnung – über 1100 Farbfotos. Praktische Tips vom Profi: Selbermachen, Reparieren, Renovieren, Kostensparen. (4117-9) Von Th. Pochert, 440 S., 1103 Farbfotos, 100 ein- und zweifarbige Abb., Pappband. ●●●●

Restaurieren von Möbeln
Stilkunde, Materialien, Techniken, Arbeitsanleitungen in Bildfolgen.
(4120-9) Von E. Schnaus-Lorey, 152 S., 37 Farbfotos, 75 s/w-Fotos, 352 Zeichnungen, Pappband. ●●●●

Möbel aufarbeiten, reparieren und pflegen
(0386-2) Von E. Schnaus-Lorey, 96 S., 28 Fotos, 101 Zeichnungen, kart. ●

FALKEN-Heimwerker-Praxis
Kleinmöbel aus Holz
(0905-4) Von O. Maier, 128 S., 210 Farbfotos, 80 Zeichnungen, kart. ●●

FALKEN-Heimwerker-Praxis
Anstreichen und Lackieren
(0771-X) Von P. Müller, 120 S., 196 Farbfotos, 2 s/w-Fotos, 3 Zeichnungen, kart. ●●

FALKEN-Heimwerker-Praxis
Elektroarbeiten
(0975-5) Von K.H. Schubert, 120 S., 193 Farbfotos, 40 Zeichnungen, kart. ●●

Falken-Heimwerker-Praxis
Mofa- und Moped-Reparaturen
(1008-7) Von T. Kohlmey, 128 S., 280 Farbabbildg. und Zeichng., kartoniert. ●●

FALKEN-Heimwerker-Praxis
Fahrrad-Reparaturen
(0796-5) Von R. van der Plas, 112 S., 140 Farbfotos, 113 farbige Zeichnungen, kart. ●●

Ikebana
Einführung in die japanische Kunst des Blumensteckens. (0548-2) Von G. Vocke, 152 S., 47 Farbfotos, kart. ●●

Blütenbilder aus Blumen und Blättern
Phantasievolle Naturcollagen
(0872-4) Von G. Schamp, 32 S., 57 Farbfotos, 1 Zeichnung, Pappband. ●

Hobby Gewürzsträuße
und zauberhafte Gebinde nach Salzburger Art. (0726-4) Von A. Ott, 80 S., 101 Farbfotos, 51 farbige Zeichnungen, kart. ●●

Hobby Trockenblumen
Gewürzsträuße, Gestecke, Kränze, Buketts. (0643-8) Von R. Strobel-Schulze, 88 S., 170 Farbfotos, kart. ●●

Neue zauberhafte Trockenblumen-Ideen
(0821-X) Von R. Strobel-Schulze, 80 S., 163 Farbfotos, kart. ●●

Phantasievolles Schminken
Verzauberte Gesichter für Maskeraden, Laienspiele und Kinderfeste
(0907-X) Hrsg.: H. u. Y. Nadolny, 64 S., 227 Farbfotos, kart. ●●

Schminken für Kinder
(5177-8) Von Y. Thalheim, H. Nadolny, 32 S., 68 Farbfotos, mit Vorlagebogen in Originalgröße, kartoniert. ●

Mit vollem Genuß **Pfeife rauchen**
Alles über Tabaksorten, Pfeifen und Zubehör
(4227-2) Von H. Behrens, H. Frickert, 168 S., 127 Farbfotos, 18 Zeichn., Pappband. ●●●●

Pfeiferauchen leicht gemacht
Die richtige Art, Tabak zu genießen
(1026-5) Von O. Pollner, 112 S., 125 Farbfotos, 5 zweifarbige-Abb., kart. ●●

Münzen
Ein Brevier für Sammler. (0353-6) Von E. Dehnke, 128 S., 4 Farbtafeln, 17 s/w-Abb., kart. ●●

Die Fazination der Philatelie
Briefmarken sammeln
(4273-6) Von D. Stein, 212 S., 124 s/w-Fotos, 24 Farbtafeln, Pappband. ●●●

Briefmarken sammeln
(0481-8) Von D. Stein. 120 S., 4 Farbtafeln, 98 s/w-Abb., kart. ●

Freizeit mit dem Mikroskop
(0291-2) Von M. Deckart, 132 S., 8 Farbtafeln, 64 s/w-Abb., 2 Zeichnungen, kart. ●●

Astronomie im Bild
Unser Sternenhimmel rund ums Jahr
(0849-X) Von Dr. E. Übelacker, 88 S., 48 Farbfotos, 1 s/w-Foto, 68 Farbzeichn., kart. ●●

Astronomie als Hobby
Sternbilder und Planeten erkennen und benennen. (0572-5) Von D. Block, 176 S., 16 Farbtafeln, 49 s/w-Fotos, 93 Zeichnungen, kart. ●●

Moderne Fotopraxis
(4401-1) Von J.G. Koshofer, Prof. H. Wedewardt, 224 S., 363 Farbfotos, 106 s/w-Fotos, 5 Farb- und 24 s/w-Zeichnungen, Pappband. ●

Mach dir ein Bild
Praxistips für Foto, Film und Video
(4410-0) Von G. Staab, 208 S., 202 Farbfotos, 175 s/w-Fotos, 1 Zeichnung, Pappband. ●●●

So macht man bessere Fotos
Das meistverkaufte Fotobuch der Welt
(0614-4) Von M. L. Taylor, 192 S., 457 Farbfotos, 8 s/w-Fotos, 7 Zeichnungen, kart. ●●

Aktfotografie
Interpretationen zu einem unerschöpflichen Thema. Gestaltung · Technik · Spezialeffekte.
(0737-X) Von H. Wedewardt, 88 S., 144 Farb- und 6 s/w-Fotos, 6 Zeichnungen, kart. ●●

Videografieren
Filmen mit Video 8. Technik – Bildgestaltung – Schnitt – Vertonung. (0843-0) Von M. Wild, K. Möller, 120 S., 101 Farbfotos, 22 s/w-Fotos, 2 Zeichnungen, kart. ●●

Videografieren perfekt
Profitricks für Aufnahmetechnik und Nachbearbeitung
(0969-0) Von W. Schild, 120 S., 144 Farbabb., 5 s/w-Zeichnungen, kart. ●●●

Schmalfilmen
Ausrüstung · Aufnahmepraxis · Schnitt · Ton.
(0342-0) Von U. Ney, 108 S., 4 Farbtafeln, 25 s/w-Fotos, kart. ●

Anlagenbau in Modultechnik
für Modelleisenbahnen und Dioramen.
(0845-7) Von J. Thal, 104 S., 68 Farbfotos, 28 Zeichnungen, kart. ●●●

Kleine Welt auf Rädern
Das faszinierende Spiel mit **Modelleisenbahnen** (4175-6) Von F. Eisen, 256 S., 72 Farb- und 180 s/w-Fotos, 25 Zeichnungen, Pappband. ●●●

Elektronik als Hobby
Von der Grundlagenschaltung zum integrierten Schaltkreis
Mit 8 wichtigen Universalplatinen
(4293-0) Von W. Priesterath, 264 S., 80 s/w-Fotos, 128 Zeichn., Pappband. ●●●

Die Super-Sportwagen der Welt
(**4423**-2) Von H.G. Isenberg, 194 S., 184
Farbfotos, 4 farbige Ausklapptafeln,
32 s/w-Fotos, Pappband. ●●●●

Die Super Oldtimer der Welt
(**4465**-8) Von H. G. Isenberg, 194 S., 161
Farb- und 36 s/w-Fotos, 4 Ausklapptafeln,
Pappband. ●●●●

Die Super-Trucks der Welt
(**4257**-4) Von H. G. Isenberg, 194 S., 205
Farbfotos, 87 s/w-Fotos, 7 Farbzeichnungen,
4 farb. Ausklapptafeln, Pappband. ●●●●

Die Super-Motorräder der Welt
(**4193**-4) Von H. G. Isenberg, 192 S., 170
Farb- und 100 s/w-Fotos, 8 Zeichnungen,
Pappband. ●●●●

Die Super-Eisenbahnen der Welt
(**4287**-6) Von W. Kosak, H. G. Isenberg, 224
S., 269 Farbfotos, 79 s/w-Fotos, 8 Vignetten,
5 farb. Ausklapptafeln, Pappband. ●●●●

Sport und Fitneß

Neue Lehrmethoden der Judo-Praxis
(**0424**-9) Von P. Herrmann, 223 S., 475 Abb.,
kart. ●●

Judo
Grundlagen - Methodik. (**0305**-6) Von M.
Ohgo, 208 S., 1025 Fotos, kart. ●●

Fußwürfe
für Judo, Karate und Selbstverteidigung.
(**0439**-7) Von H. Nishioka, übers. von H.J.
Heese, 96 S., 260 Abb., kart. ●

Modernes Karate
Das große Standardwerk mit 2279 Abbildungen. (**4280**-9) Von T. Okazaki, Dr. med.
M. V. Stricevic, übers. von M. Pabst, 376 S.,
2279 s/w-Abb., Pappband. ●●●●●

Nakayamas Karate perfekt 1
Einführung. (**0487**-7) Von M. Nakayama,
136 S., 605 s/w-Fotos, kart. ●●

Nakayamas Karate perfekt 2
Grundtechniken. (**0512**-1) Von M. Nakayama, 136 S., 354 s/w-Fotos, 53 Zeichn., kart.
●●

Nakayamas Karate perfekt 3
Kumite 1: Kampfübungen. (**0538**-5) Von M.
Nakayama, 128 S., 424 s/w-Fotos, kart. ●●

Nakayamas Karate perfekt 4
Kumite 2: Kampfübungen. (**0547**-4) Von M.
Nakayama, 128 S., 394 s/w-Fotos, kart. ●●

Nakayamas Karate perfekt 5
Kata 1: Heian, Tekki. (**0571**-7) Von M. Nakayama, 144 S., 1229 s/w-Fotos, kart. ●●

Nakayamas Karate perfekt 6
Kata 2: Bassai-Dai, Kanku-Dai, (**0600**-4) Von
M. Nakayama, 144 S., 1300 s/w-Fotos,
107 Zeichnungen, kart. ●●

Nakayamas Karate perfekt 7
Kata 3: Jitte, Hangetsu, Empi. (**0618**-7) Von
M. Nakayama, 144 S., 1988 s/w-Fotos,
105 Zeichnungen, kart. ●●

Nakayamas Karate perfekt 8
Gankaku, Jion. (**0650**-0) Von M. Nakayama,
144 S., 1174 s/w-Fotos, 99 Zeichnungen,
kart. ●●

Karate für alle
Karate-Selbstverteidigung in Bildern.
(**0314**-5) Von A. Pflüger, 104 S., 323
s/w-Fotos, kart. ●●

Fit mit Karate
(**2308**-1) Von A. Pflüger, 96 S., 134 Farbfotos,
4 s/w-Zeichnungen, kart. ●●

25 Shotokan-Katas
Auf einen Blick: Karate-Katas für Prüfungen
und Wettkämpfe. (**0859**-7) Von A. Pflüger,
88 S., 185 s/w-Abb., 24 ganzseitige Tafeln
mit über 1.600 Einzelschritten, kart. ●●

Kontakt-Karate
Ausrüstung · Technik · Training. (**0396**-X)
Von A. Pflüger, 112 S., 238 s/w-Fotos, kart.
●●

Bo-Karate
Habo-Jitsu – die Techniken des Stock-
kampfes. (**0447**-8) Von G. Stiebler, 176 S.,
424 s/w-Fotos, 38 Zeichnungen, kart. ●

Karate 1
Einführung · Grundtechniken. (**0227**-0) Von
A. Pflüger, 144 S., 195 s/w-Fotos, 120 Zeich-
nungen, kart. ●

Karate 2
Kombinationstechniken · Katas. (**0239**-4)
Von A. Pflüger, 176 S., 452 s/w-Fotos und
Zeichnungen,kart. ●

Karate Kata 1
Heian 1–5, Tekki 1, Bassai Dai. (**0683**-7) Von
W.-D. Wichmann, 164 S., 703 s/w-Fotos,
kart. ●●

Karate Kata 2
Jion, Empi, Kanku-Dai, Hangetsu. (**0723**-X)
Von W.-D. Wichmann, 140 S., 661 s/w-Fotos,
4 Zeichnungen, kart. ●●

Der König des Kung-Fu
Bruce Lee
Sein Leben und Kampf. (**0392**-7) Von L. Lee,
136 S., 104 s/w-Fotos, kart. ●●

Bruce Lees Kampfstil 1
Grundtechniken. (**0473**-7) Von B. Lee,
M. Uyehara, 109 S., 220 Abb., kart. ●

Bruce Lees Kampfstil 2
Selbstverteidigungs-Techniken. (**0486**-9)
Von B. Lee, M. Uyehara, 128 S., 310 Abb.,
kart. ●

Bruce Lees Kampfstil 3
Trainingslehre. (**0503**-2) Von B. Lee,
M. Uyehara, 112 S., 246 Abb., kart. ●

Bruce Lees Kampfstil 4
Kampftechniken. (**0523**-7) Von B. Lee,
M. Uyehara, 104 S., 211 Abb., kart. ●

Kung-Fu 1
Legende · Philosophie · Grundtechniken
(**0891**-0) Von Chr. Yim, 152 S., 401
s/w-Fotos, 2 s/w-Zeichnungen, kart. ●

Kung-Fu und Tai-Chi
Grundlagen und Bewegungsabläufe.
(**0367**-6) Von B. Tegner, 182 S., 370
s/w-Fotos, kart. ●

Kung-Fu
Grundlagen · Bewegungsabläufe · Körper-
schule. (**0376**-5) Von M. Pabst, 160 S.,
330 Abb., kart. ●

Bruce Lees Jeet Kune Do
(**0440**-0) Von B. Lee, 192 S., mit 105 eigen-
händigen Zeichnungen von B. Lee, kart. ●●

Shaolin-Kempo – Kung-Fu
Chinesisches Karate im Drachenstil.
(**0395**-1) Von R. Czerni, K. Konrad, 246 S.,
723 Abb., kart. ●

Kickboxen
Fitneßtraining und Wettkampfsport.
(**0795**-7) Von G. Lemmens, 96 S.,
208 s/w-Fotos, 23 Zeichnungen, kart. ●●

Ninja 1
Die Lehre der Schattenkämpfer. (**0758**-2)
Von S.K. Hayes, übers. von J. Schmit, 144 S.,
137 s/w-Fotos, kart. ●●

Ninja 2
Die Wege zum Shoshin (**0763**-9) Von S.K.
Hayes, übers. von J. Schmit, 160 S.,
309 s/w-Fotos, 2 Zeichnungen, kart. ●●

Ninja 3
Der Pfad des Togakure-Kämpfers. (**0764**-7)
Von S.K. Hayes, übers. von J. Schmit, 144 S.,
197 s/w-Fotos, 2 Zeichnungen, kart. ●●

Ninja 4
Das Vermächtnis der Schattenkämpfer
(**0807**-4) Von S.K. Hayes, übers. von J.
Schmit, 196 S., 466 s/w-Fotos, kart. ●●

Taekwondo perfekt 1
Die Formenschule bis zum Blaugurt
(**0890**-2) Von K. Gil, Kim Chul-Hwan, 176 S.,
439 s/w-Fotos, 107 Zeichnungen, kart. ●●

Taekwondo perfekt 2
Die Formenschule vom Blau- bis zum
Schwarzgurt
(**0976**-3) Von K. Gil, K. Chul-Hwan, 192 S.,
461 s/w-Fotos, 112 Zeichnungen, kart. ●●

Taekwondo perfekt 3
(**1068**-0) Von K. Gil, K. Chul-Hwan, 200 S.,
429 s/w-Fotos, kartoniert. ●●

Illustriertes Handbuch des Taekwondo
Koreanische Kampfkunst und Selbstverteidi-
gung. (**4053**-9) Von K. Gil, 248 S., 1026
Abb., Pappband. ●●●

Taekwon-Do
Koreanischer Kampfsport. (**0347**-1) Von K.
Gil, 152 S., 408 Abb., kart. ●●

Ju-Jutsu als Wettkampf
(**0826**-0) Von G. Kulot, 168 S., 418 s/w-Fotos,
2 Zeichnungen, kart. ●●

Ju-Jutsu 1
Grundtechniken - Moderne Selbstverteidigung. (**0276**-9) Von W. Heim, F.J. Gresch,
164 S., 450 s/w-Fotos, 8 Zeichn., kart. ●

Ju-Jutsu 2
für Fortgeschrittene und Meister. (**0378**-1)
Von W. Heim, F. J. Gresch, 160 S., 798
s/w-Fotos, kart. ●●

Ju-Jutsu 3
Spezial-, Gegen- und Weiterführungs-Techni-
ken · Stockkampfkunst. (**0485**-0) Von W.
Heim, F.J. Gresch, 200 S., über 600
s/w-Fotos, kart. ●

Aikido
Lehren und Techniken des harmonischen
Weges. (**0537**-7) Von R. Brand, 280 S.,
697 Abb., kart. ●●

Hap Ki Do
Koreanische Selbstverteidigung nach dem
Lehrsystem des Großmeisters. (**0379**-X) Von
Kim Sou Bong, 112 S., 152 Abb., kart. ●●

Dynamische Karate
Grundlagen für den Zweikampf. (**0438**-9)
Von C. Lee, 96 S., 398 s/w-Fotos, 10 Zeich-
nungen, kart. ●

Selbstverteidigung
Abwehrtechniken für Sie und Ihn (**0853**-8)
Von E. Deser, 96 S., 259 s/w-Fotos, kart. ●

Die Faszination athletischer Körper
Bodybuilding
mit Weltmeister Ralf Möller. (**4281**-7) Von
R. Möller, 128 S., 169 Farbfotos,
14 s/w-Fotos, 1 Farbzeichn., Pappband.
●●●●

Bodyshaping · Bodybuilding
Mit Anja Albrecht zur Idealfigur. (**4405**-4)
Von A. Albrecht, 128 S., 164 Farbfotos,
4 s/w-Fotos, 1 Farb- und 1 s/w-Zeichnung,
Pappband. ●●●●

Ladyfitneß
Das neue Körperbewußtsein der Frau
Bodyshaping · Körperpflege · Ernährung ·
Entspannung
(**4433**-X) Von Prof. Dr. S. Starischka, B.
Grabis, D. von Gramm, G.W. Kienitz,
ca. 128 S., ca. 113 Farbfotos, Pappband.
●●●

Bodybuilding für Frauen
Wege zu Ihrer Idealfigur (**0661**-6) Von H.
Schulz, 112 S., 84 s/w-Fotos, 4 Zeichnungen,
kart. ●

Fit mit Bodybuilding
(**2314**-6) Von L. Spitz, 112 S., 203 Farbabbildungen, 10 Tabellen. ●●

Bodybuilding Anleitung zum Muskel- und
Konditionstraining für sie und ihn.
(**0604**-7) Von R. Smolana, 160 S.,
171 s/w-Fotos, kart. ●

Hanteltraining zu Hause
(**0800**-7) Von W. Kieser, 80 S., 71 s/w-Fotos, 4 Zeichnungen, kart. ●

Leistungsfähiger durch Krafttraining
Eine Anleitung für Fitness-Sportler, Trainer und Athleten (**0617**-9) Von W. Kieser, 96 S., 20 s/w-Fotos, 62 Zeichnungen, kart. ●

Fit und gesund
Fitneßtraining und Bodybuilding zu Hause. Trainingsprogramme für Ihr Wohlbefinden. (**0782**-5) Von Prof. Dr. S. Starischka, 80 S., 100 Farbfotos, 3 Zeichnungen, kart. ●●

Optimale Ernährung
für Krafttraining und Budybuilding.
(**0912**-7) Von B. Dahmen, 88 S., 8 Farbtafeln, 8 Zeichnungen, kart. ●

Fit mit Bio-Training
für Kraft, Ausdauer und Schnelligkeit (**2310**-3) Von L. Spitz, 112 S., 197 Farbfotos, 11 Farb- und 4 s/w-Zeichnungen, kart. ●●

Top-Form im Sport
Ernährungs-Training
Das Erfolgsprogramm für den Ausdauersportler. (**0945**-3) Von M. Inzinger, Dipl.-Oec. troph. G. Wagner, 160 S., 31 Farbzeichnungen, 16 Grafiken, kart. ●

Gesund und fit durch **Konditionstraining und Wirbelsäulengymnastik**
(**0844**-9) Von R. Milser u. K. Grafe, 104 S., 99 Farbfotos, Zeichnungen, 5 s/w-Zeichnungen, kart. ●●

Fit mit **Tai Chi**
als sanfte Körpererfahrung (**2305**-7) Von B. u. K. Moegling, 112 S., 121 Farbfotos, 6 Farb- u. 4 s/w-Zeichnungen, kart. ●●

Isometrisches Training
Übungen für Muskelkraft und Entspannung. (**0529**-6) Von L. M. Kirsch, 140 S., 162 s/w-Fotos, kart. ●

Stretching
Mit Dehnungsgymnastik zu Entspannung. Geschmeidigkeit und Wohlbefinden. (**0717**-5) Von H. Schulz, 80 S., 90 s/w-Fotos, kart. ●

Fit mit **Stretching**
(**2304**-9) Von B. Kurz, 96 S., 255 Farbfotos, kart. ●●

Gesund und fit durch Gymnastik
(**0366**-8) Von H. Pilss-Samek, 88 S., 130 Abb., kart. ●

Fit und frisch
Gymnastik für die ganze Familie
(**6501**-9) Von G. Sieber, 104 S., 306 Farbfotos, 5 Farbzeichnungen, kart., mit Audiokassette, Laufzeit 30 Min., ●●●

Fit mit Frank Elstner
Das neue Aktiv-Programm
(**4430**-5) Hrsg. von Frank Elstner, fachl. Mitarbeiter Prof. Dr. S. Starischka u. a., 184 S., 215 Farbfotos, 72 Zeichnungen, 8 farbige Grafiken. ●●●●

Fit mit **Laufen**
(**2315**-9) Von W. Sonntag, 96 S., 60 Farbfotos, 8 Farbzeichnungen, kart. ●●

Spaß am Laufen
Jogging für die Gesundheit. (**0470**-2) Von W. Sonntag. 140 S., 41 s/w-Fotos, 1 Zeichnung, kart. ●

Fit mit **Sportschießen**
(**2312**-X) Von H. Gabelmann, ca. 112 S., ca. 100 Farbabbildungen, kart. ●●

Fechten
Florett · Degen · Säbel. (**0449**-4) Von E. Beck, 88 S., 185 Fotos, 10 Zeichnungen, kart. ●●

Fit mit **Sportabzeichen**
(**2307**-3) Von G. Hennige, 104 S., 107 Farbfotos, kart. ●●

Volleyball
Technik · Taktik · Regeln. (**0351**-X) Von H. Huhle, 104 S., 330 Abb., kart. ●

Fit mit Volleyball
(**2302**-2) Von Dr. A. Scherer, 104 S., 27 Farb- und 1 s/w-Foto, 12 Farb- und 29 s/w-Zeichnungen, kart. ●●

Fit mit Fußball
(**2309**-X) Von H. Obermann, P. Walz, 112 S., 47 Farbfotos, 18 Farb- und 25 s/w-Zeichnungen, kart. ●●

Handball
Technik · Taktik · Regeln. (**0426**-5) Von F. und P. Hattig, 128 S., 91 s/w-Fotos, 121 Zeichnungen, kart. ●●

Die neue Tennis-Praxis
Der individuelle Weg zu erfolgreichem Spiel. (**4097**-0) Von R. Schönborn, 240 S., 202 Farbzeichnungen, 31 s/w-Abb., Pappband. ●●●●

Tennis
Technik · Taktik · Regeln. (**0375**-7) Von W. u. S. Taferner, 112 S., 81 Abb., kart. ●

Tischtennis-Technik
Der individuelle Weg zu erfolgreichem Spiel. (**0775**-2) Von M. Perger, 144 S., 296 Abb. kart. ●●

Badminton
Technik · Taktik · Training. (**0699**-3) Von K. Fuchs, L. Sologub, 168 S., 51 Abb., kart., ●●

Squash
Ausrüstung · Technik · Regeln. (**0539**-3) Von D. von Horn, H.-D. Stünitz, 96 S., 55 s/w-Fotos, 25 Zeichnungen, kart. ●

Fit mit Squash
(**2311**-1) Von P. Langhammer, R. Michna, 96 S., 86 Farbfotos, 13 Farbzeichnungen, kart. ●●

Eishockey
Lauf- und Stocktechnik, Körperspiel, Taktik, Ausrüstung und Regeln. (**0414**-1) Von J. Čapla, 264 S., 548 s/w-Fotos, 163 Zeichnungen, kart. ●●

Golf
Ausrüstung und Technik. (**0343**-9) Von J.C. Jessop, übersetzt von H. Biemer, mit einem Vorwort von H. Krings, Präsident des Deutschen Golf-Verbandes, 96 S., 57 Abb., Anhang Golfregeln des DGV, kart. ●●

Pool-Billard
(**0484**-2) Herausgegeben vom Deutschen Pool-Billard-Bund. Von M. Bach, K.-W. Kühn, 104 S., 64 Abb., kart. ●

Tanzstunde
Das Welttanzprogramm leicht gelernt (**4409**-2) Von G. Hädrich, 164 S., 489 s/w-Fotos, 63 Zeichnungen, Pappband. ●●●

Wir lernen tanzen
Standard- und lateinamerikanische Tänze (**0200**-9) Von E. Fern, 152 S., 119 s/w-Fotos, 47 Zeichnungen, kart. ●

Fit mit Tanzen
(**2303**-0) Von K. Richter, H. Kleinow, 96 S., 102 Farbfotos, kart. ●●

Dancing
Moderne Discotänze: mit Mambo und Salsa (**0977**-1) Von B. und F. Weber, 96 S., 207 s/w-Fotos, kart. ●●

Jive
(**5174**-3) Von Peter Wolff, 32 S., 66 Farbfotos, 7 Zeichng., mit Tanzteppich, kartoniert. ●

Cha-Cha-Cha
(**5177**-9) Von Peter Wolff, 32 S., 51 Farbfotos, 10 Zeichnungen, mit Tanzteppich, kartoniert. ●

Foxtrott
(**5172**-7) Von Peter Wolff, 32 S., 55 Farbfotos, 10 Zeichnungen, mit Tanzteppich, kartoniert. ●

Langsamer Walzer
(**5173**-5) Von Wolff, 32 S., 50 Farbfotos, 10 Zeichnungen, mit Tanzteppich, kartoniert. ●

Dirty Dancing
Step by Step leicht gelernt
(**0992**-5) Von D. Glück, G. Teusen, 80 S., 140 Farbfotos, kart. ●●

Anmutig und fit durch
Bauchtanz
(**0911**-9) Von Marta, 120 S., 229 Farbfotos, 6 s/w-Zeichnungen, kart. ●●

Sporttauchen
Theorie und Praxis des Gerätetauchens (**0647**-0) Von S. Müßig, 144 S., 8 Farbtafeln, 35 s/w-Fotos, 89 Zeichnungen, kart. ●●

Angelfischerei von Aal bis Zander
Fische · Geräte · Technik. (**0324**-2) Von H. Oppel, 72 S., 16 Farbt., 49 s/w-Abb., kart. ●●

Angeln
Kleine Fibel für den Sportfischer. (**0198**-3) Von E. Bondick, 80 S., 4 Farbt., 116 Abb., kart. ●

Falken-Handbuch **Angeln**
in Binnengewässern und im Meer. (**4090**-3) Von H. Oppel, 344 S., 24 Farbtafeln, 66 s/w-Fotos, 151 Zeichn., gebunden. ●●●●

Funboard-Surfen
Material · Technik · Regatten · Internationale Reviere. (**4297**-3) Von J. Evans, 144 S., 106 Farbfotos, 9 Farbzeichnungen, 68 zweifarbige und 5 s/w-Zeichnungen, kart. ●●●

Fit mit
Surfen
(**2317**-3) Von H. Mönster, K.-H. Eden, B. Bohr, 104 S., 110 Farbfotos, 23 s/w-Zeichnungen, kartoniert. ●●

TELESKI
Skigymnastik perfekt
(**1037**-0) Von M. Vorderwülbecke, G. Kern, 120 S., 220 Farbfotos, 16 farbige Grafiken, 19 Farbzeichnungen, kartoniert. ●●

Fibel für Kegelfreunde
Sport- und Freizeitkegeln · Bowling
(**0191**-6) Von G. Bocsai, 72 S., 62 Abb., kart. ●

Fit mit Kegeln
(**2301**-4) Von G. Gromann, 96 S., 51 Farbfotos, 50 Farb- und 4 s/w-Zeichnungen, kart. ●●

Beliebte und neue Kegelspiele
(**0271**-8) Von H. Regulski, 92 S., 62 Abb., kart. ●

111 spannende Kegelspiele
(**2031**-7) Von H. Regulski, 80 S., 53 Zeichnungen, kart. ●

Schach

Einführung in das Schachspiel
(**0104**-5) Von W. Wollenschläger und K. Colditz, 112 S., 116 Diagramme, kart. ●

Falken-Handbuch
Schach
(**4051**-2) Von T. Schuster, 360 S., über 340 Diagramme, gebunden. ●●●●

Spielend Schach lernen
(**2002**-3) Von T. Schuster, 96 S., kart. ●

Kinder- und Jugendschach
Offizielles Lehrbuch des Deutschen Schachbundes zur Erringung der Bauern-, Turm- und Königsdiplome. (**6051**-X) Von B.J. Withuis, H. Pfleger, 144 S., 220 Diagramme und Illustrationen, kart. ●●

Zug um Zug
Schach für jedermann 1
Offizielles Lehrbuch des Deutschen Schachbundes zur Erringung des Bauerndiploms. (**0648**-9) Von H. Pfleger, E. Kurz, 80 S., 24 s/w- Fotos, 60 Diagramme, kart. ●

FALKEN-Software
Zug um Zug
Schach für Jedermann 1
(**7015**-2) Wendediskette für C 64 / C 128 PC,
mit Begleitheft. ●●●˙

(**7005**-1) Wendediskette für Atari ST
520/1040 mit Begleitheft. ●●●●●˙

Zug um Zug
Schach für Jedermann 2
Offizielles Lehrbuch des Deutschen Schachbundes zur Erringung des Turmdiploms.
(**0659**-4) Von H. Pfleger, E. Kurz, 128 S.,
7 s/w-Fotos, 13 Zeichnungen, 78 Diagramme, kart. ●

Zug um Zug
Schach für Jedermann 3
Offizielles Lehrbuch des Deutschen Schachbundes zur Erringung des Königdiploms.
(**0728**-0) Von H. Pfleger, G. Treppner, 128 S.,
4 s/w-Fotos, 84 Diagramme, 10 Zeichnungen, kart. ●

Schach für Fortgeschrittene
Taktik und Probleme des Schachspiels
(**0219**-X) Von R. Teschner, 88 S., 85 Diagramme, kart. ●

Neue Schacheröffnungen
(**0478**-8) Von T. Schuster 104 S., 100 Diagramme, kart. ●

**Lehr-, Übungs- und Testbuch der Schach-
kombinationen**
(**0649**-7) Von K. Colditz, 184 S., 227 Diagramme, kart. ●●

Erfolgreiche Schachlehre
Eröffnungs- und Mittelspielstrategie
(**0991**-7) Von D. Bronstein, 254 S., 201 Diagramme, Pappband. ●

Faszinierendes Schach
(**0989**-5) Von I. Linder, 285 S., 295 Diagramme, Pappband. ●●

Die hohe Schule der
Schachkombinationen
(**0920**-8) Von W. Golz, P. Keres, 272 S.,
322 Diagramme, Pappband. ●●

Schwerfiguren greifen ein
(**0979**-8) Von J. Damski, 184 S., 244 Diagramme, Pappband. ●●

Sizilianisch siegen
durch die Kunst der Verteidigung
(**0990**-2) Von M. Taimanow, 160 S.,
124 Diagramme, Pappband. ●●

Schnelle Schachsiege
Das meisterliche Gambitspiel
(**1038**-9) Von S. Samarian, 28 S., 125 Diagramme, kartoniert. ●

Offizielles Lehrbuch des Deutschen
Schachbundes
Das systematische Schachtraining
Trainingsmethoden, Strategien und Kombi-
nationen. (**0857**-0) Von Sergiu Samarian,
152 S., 159 Diagramme, 1 Zeichn., kart. ●●

Taktische Schachendspiele
(**0752**-3) Von J. Nunn, 208 S., 152 Diagramme, kart. ●●

Schachstrategie
Ein Intensivkurs mit Übungen und ausführlichen Lösungen. (**0584**-9) Von A. Koblenz,
dt. Bearb. von K. Colditz, 212 S., 240 Diagramme, kart. ●●

Schachtraining mit den Großmeistern
(**0670**-5) Von H. Bouwmeester, 128 S., 90
Diagramme, kart. ●●

**Die besten Partien deutscher Schach-
großmeister**
(**4121**-7) Von H. Pfleger, 192 S., 29 s/w-Fotos,
89 Diagramme, Pappband. ●●●

So denkt ein Schachmeister
Strategische und taktische Analysen.
(**0915**-1) Von H. Pfleger, G. Treppner, 120 S.,
75 Diagramme, kart. ●●

Schach als Kampf
Meine Spiele und mein Weg. (**0729**-9) Von
G. Kasparow, 144 S., 95 Diagramme,
9 s/w-Fotos, kart. ●●

Kasparows Schacheröffnungen
(**1021**-4) Von O. Borik, 136 S., 16 s/w-Fotos,
kartoniert. ●

Helmut Pflegers
Schachkabinett
Amüsante Aufgaben – überraschende
Lösungen. (**0877**-5) Von H. Pfleger, 160 S.,
118 Diagramme, kart. ●●

Schach mit dem Computer
(**0747**-7) Von D. Frickenschmidt, 140 S.,
112 Diagramme, 29 s/w-Fotos, 5 Zeichnungen, kart. ●●

FALKEN-Software
Das komplette Schachprogramm
Spielen, Trainieren, Problemlösen mit dem
Computer. (**7006**-3) Von J. Egger, Diskette
für C 64, C 128 PC, mit Begleitheft.
●●●●●˙

Mensch und Gesundheit

Total verknallt … und keine Ahnung?
Alles über Liebe, Sex und Zärtlichkeit
(**1024**-9) Von H. Bruckner, R. Rathgeber, 104
S., 38 Abbildungen, kartoniert. ●●

Sinnliche Liebe
Sex und Partnerschaft
(**4436**-4) Von Dr. A. Stanway, 160 S., 60 vierfarbige Illustrationen, Pappband. ●●●●

Streicheleinheiten für Körper und Seele
Partner Massage
(**4444**-5) Von Chr. Unseld-Baumanns, 136 S.,
145 Farbfotos, Pappband. ●●●●

Der moderne Ratgeber
Wir werden Eltern
Schwangerschaft · Geburt · Erziehung des
Kleinkindes. (**4269**-8) Von B. Nees-Delaval,
376 S., 335 2-farbige Abb., Pappband.
●●●●

Wenn Sie ein Kind bekommen
(**4003**-2) Von U. Klamroth, Dr. med. H. Oster,
240 S., 86 s/w-Fotos, 30 Zeichn., kart. ●●●

Wenn der Mensch zum Vater wird
Ein heiter-besinnlicher Ratgeber
(**4259**-0) Von D. Zimmer, 160 S., 20 Zeichnungen, Pappband. ●

Vorbereitung auf die Geburt und
Schwangerschaftsgymnastik
Atmung, Rückbildungsgymnastik.
(**0251**-3) Von s. Buchholz, 112, S., 98
s/w-Fotos, kart. ●

Yoga für Schwangere
Der Weg zur sanften Geburt
(**0777**-9) Von V. Bolesta-Hahn, 112 S., 76
zweifarbige Abb., kart. ●●

Die Kunst des Stillens
nach neuesten Erkenntnissen (**0701**-9) Von
Prof. Dr. med. E. Schmidt, S. Brunn, 112 S.,
20 Fotos und 3 Zeichnungen, kart. ●

Das Babybuch
Pflege · Ernährung · Entwicklung
(**0531**-8) Von A. Burkert, 96 S., 76 zweifrg.
Zeichn., 22 s/w-Zeichn., kart. ●●

Babyfitness
Massage, Spiele, Gymnastik und Schwimmen für Kinder im 1. Lebensjahr
(**1034**-6) Von G. Zeiß, 112 S., 179 zweifarbige
Illustrationen, kartoniert. ●●

Wenn Kinder krank werden
Medizinischer Ratgeber für Eltern
(**4240**-X) Von Dr. med. I.J. Chasnoff, B. Nees-
Delaval, 232 S., 163 Zeichn., Pbd.. ●●●

FALKEN-Software
Ego-Tests
Sich und andere besser erkennen und
verstehen. (**7012**-8) Diskette für IBM PC
kompatible (MS DOS) mit Begleitheft.
●●●●●˙

Bildatlas des menschlichen Körpers
(**4177**-2) Von G. Pogliani, V. Vannini, 112 S.,
402 Farbabb. 28 s/w-Fotos, Pappband. ●●●

**Das moderne Hausbuch der
Naturheilkunde**
Neueste Erkenntnisse der Ganzheitsmedizin
von Akupressur bis Zelltherapie
(**4403**-8) Von G. Leibold, 448 S., 263 Farbzeichn., 15 s/w-Fotos, Pappband. ●●●●●

Pillenpreise unverblümt
Rezeptfreie Medikamente:
Medizinische Grundlagen · Wirkungen ·
Risiken · Preisübersicht
(**4426**-7) Von Dr. rer.nat. K. Mayer, 248 S.,
franz. Broschur. ●●●

Ratgeber Aids
Entstehung, Ansteckung, Krankheitsbilder,
Heilungschancen, Schutzmaßnahmen
(**0803**-1) Von B. Baartman, Vorwort von
Dr. med. H. Jäger, 112 S., 8 Farbtafeln, 4 Gra-
fiken, kart. ●

Nahrungsmittelallergien
So ernähren Sie sich richtig!
(**0913**-5) Von Priv-Doz.Dr.med.Dr.med.habil.
J. von Mayenburg, Prof. Dr. med. Dr. phil. S.
Borelli, E. Polster, 136 S., kart. ●●

Diabetes
Krankheitsbild, Therapie, Kontrollen,
Schwangerschaft, Sport, Urlaub, Alltagspro-
bleme, Neueste Erkenntnisse der Diabetes-
forschung. (**0895**-3) Von Dr. med. H.J.
Krönke, 120 S., 4 Farbtafeln, 14 s/w-Fotos,
13 s/w-Zeichnungen, kart. ●

Rheuma und Gicht
Krankheitsbilder, Behandlung, Therapieverfahren, Selbstbehandlung. Richtige Lebensführung und Ernährung. (**0712**-4) Von Dr. J.
Höder, J. Bandick, 104 S., kart. ●

Asthma
Pseudokrupp, Bronchitis und Lungenemphy-
sem. (**0778**-7) Von Prof. Dr. med. W.
Schmidt, 120 S., 56 Zeichnungen, kart. ●

Krampfadern
Ursachen, Vorbeugung, Selbstbehandlung,
Therapieverfahren. (**0727**-2) Von Dr. med. K.
Steffens, 112 S., 38 Abb., kart. ●

Gallenleiden
Krankheitsbilder, Behandlung, Therapieverfahren, Selbstbehandlung. Richtige Lebensführung und Ernährung. (**0673**-X) Von Dr.
med. K. Steffens, 104 S., 34 Zeichnungen,
kart. ●

Arteriosklerose
Risikofaktoren/Vorbeugung/Therapie
Richtige Ernährung bei erhöhtem Choleste-
rinspiegel
(**1020**-6) Von Prof. Dr. med. G. Assmann, Dr.
troph. U. Wahrburg, 192 S., 84 farb. Abb.,
4 s/w-Zeichnungen, kartoniert. ●

Naturkosmetik
Die Grundlagen gesunder und natürlicher
Hautpflege
(**1080**-X) Von N. E. Haas, 120 S., 63 Farbabb.,
kartoniert. ●●

Gesundheit durch altbewährte Kräuter-
rezepte und Hausmittel aus der
Natur-Apotheke
(**4156**-X) Von G. Leibold, 236 S., 8 Farbtafeln, 100 Zeichnungen, kart. ●●

Heiltees und Kräuter für die Gesundheit
(**4123**-3) Von G. Leibold, 136 S., 15 Farbtafeln, 16 Zeichnungen, kart. ●●

Fastenkuren
Wege zur gesunden Lebensführung. Rezepte und Tips für die Nachfastenzeit. Kurzfasten · Saftfastenkuren · Fastenschalttage · Heilfasten. (4248-5) Von Ha. A. Mehler, H. Keppler, 144 S., 16 s/w-Fotos, 9 Zeichn., Pbd. ●●●

Die sanfte Art des Heilens
Homöopathie
Praktische Anwendung und Arzneimittellehre
(4418-X) Von J. H. P. Kreuter, 216 S., 49 Zeichnungen, Pappband. ●●●

Massagetechniken und Heilanzeigen
Reflexzonentherapie
(4404-6) Von G. Leibold, 128 S., 53 Farbzeichnungen, Pappband. ●●●

Wetterfühligkeit
Vorbeugen und behandeln
Der Einfluß von Wetter und Klima auf Körper und Psyche
(0998-4) Von Dipl.-Met. H. Trenkle, fachl. Beratung Prof. Dr. V. Faust, 120 S., 8 Farbtafeln, 31 zweifarbige Abbildungen und Tabellen, kartoniert. ●●

Heilatmen
Ein Weg zu Lebenskraft und innerer Harmonie
(1047-8) Von K. Schutt, 112 S., 57 zweifarbige Abb., kartoniert. ●

Bewährte Naturheilverfahren bei
Asthma und Bronchitis
(1083-4) Von G. Leibold, 112 S., kartoniert. ●

Kneippkuren zu Hause
(0779-5) Von G. Leibold, 112 S., 25 Zeichnungen, kartoniert. ●

Entspannung und Schmerzlinderung durch
Massage
(0750-7) Von B. Rumpler, K. Schutt, 112 S., 116 zweifarbige Zeichnungen, kart. ●

Besser sehen durch Augentraining
Ein Gesundheitsprogramm zur Verbesserung des Sehvermögens.
(0914-3) Von K. Schutt, B. Rumpler, 96 S., 32 s/w-Zeichnungen, kart. ●

Bewährte Naturheilverfahren bei
Herz-Kreislauf-Erkrankungen
(1084-2) Von Dr. med. O. Wolff, G. Leibold, 104 S., kartoniert. ●

Krebsangst und Krebs behandeln
Mit einem Vorwort von Prof. Dr. med. Friedrich Douwes. (0839-2) Von G. Leibold, 104 S., kart. ●

Bewährte Naturheilverfahren bei
Krebs
(1082-6) Hrsg. H.-R. Heiligtag, 88 S., kartoniert. ●

Hypnose und Autosuggestion
Methoden · Heilwirkungen · praktische Beispiele. (0483-4) Von G. Leibold, 120 S., 9 Illustrationen, kart. ●

Bewährte Naturheilverfahren bei
Migräne und Schlafstörungen
(1081-8) Von G. Leibold, Dr. med. H. Chr. Scheiner, 112 S. kartoniert. ●

Gesunder Schlaf
Schlafstörungen ohne Medikamente erfolgreich behandeln
(1036-2) Von D. H. Alke, 88 S., 22 s/w-Abb., mit Audiokassette, kartoniert. ●●●

Akupressur zur Eigenbehandlung
(0417-6) Von G. Leibold, 112 S., 78 Abb., kart. ●

Enzyme
Vitalstoffe für die Gesundheit
(0677-2) Von G. Leibold, 96 S., kart. ●

Fußsohlenmassage
Heilanzeigen · Technik · Selbsthilfe
(0714-0) Von G. Leibold, 96 S., 38 Zeichnungen, kart. ●

Rheuma behandeln und lindern
Mit einem Vorwort von Dr. med. Max-Otto-Bruker. (0836-8) Von G. Leibold, 96 S., kart. ●

Heilfasten
Entschlacken · Regenerieren · Abnehmen
(0713-2) Von G. Leibold, 96 S., kart. ●

Besser leben durch Fasten
(0841-4) Von G. Leibold, 96 S., kart. ●

Die echte Schroth-Kur
(0797-3) Von Dr. med. R. Schroth, 88 S., 2 s/w-Fotos, kart. ●

Allergien behandeln und lindern
Mit einem Vorwort von Prof. Dr. med. Axel Stemmann.
(0840-6) Von G. Leibold, 96 S., 4 Zeichnungen, kart. ●

Entspannung
(0834-) Von Dr. med. Chr. Schenk, 88 S., 29 Zeichnungen, kart. ●

Erfolg und Lebensfreude durch
Autogenes Training und Psychokybernetik
(1035-4) Von Dr. med. H. Alke, 80 S., 2 s/w-Zeichnungen, mit Audiokassette, kartoniert. ●●●

Autogenes-Training
Anwendung · Heilwirkungen · Methoden
(0541-5) Von R. Faller, 112 S., 3 Zeichn., kart. ●

Chinesische Naturheilverfahren
Selbstbehandlung mit bewährten Methoden der physikalischen Therapie. Atemtherapie · Heilgymnastik · Selbstmassage · Vorbeugen · Behandeln · Entspannen.
(4247-7) Von F.T. Lie, 160 S., 292 zweifarbige Zeichnungen, Pappband. ●●●

Chinesisches Schattenboxen
Tai-Ji-Quan
für geistige und körperliche Harmonie
(0850-3) Von F. T. Lie, 120 S., 221 s/w-Fotos, 9 s/w-Zeichnungen, Beilage: 1 s/w-Poster mit zahlreichen Abbildungen, kart. ●●

Fit mit **Tai Chi**
als sanfte Körpererfahrung
(2305-7) Von B. und K. Moegling, 112 S., 121 Farbfotos, 6 Farbzeichnungen, kart. ●●

Yoga
Weg zur Harmonie
(4417-8) Von A. Harf, W. von Rohr, 176 S., 171 Farbfotos, 12 s/w-Zeichnungen, Pbd. ●●●●

Bauch, Taille und Hüfte gezielt formen durch
Aktiv-Yoga
(0709-4) Von K. Zebroff, 112 S., 102 Farbfotos, kart. ●●

Yoga für Jeden
(0341-2) Von K. Zebroff. 156 S., 135 Abb., Spiralbindung. ●●●

Yoga gegen Haltungsschäden und Rückenschmerzen
(0394-3) Von A. Raab, 104 S., 215 Abb., kart. ●

Chinesische Punktmassage
Akupressur
(4419-4) Von F.T. Lie, 192 S., 332 zweifarbige Abb., Pappband. ●●●

Shiatsu-Massage
Hormonisierung der Energieströme im Körper.
(0615-2) Von G. Leibold, 196 S., 180 Abb., kart. ●●●

Diät bei Darmkrankheiten
Durchfall · Divertikulose, Reizdarm und Darmträgheit · einheimische Sprue (Zöllakie) · Disaccharidasemangel · Dünndarmresektion · Dumping Syndrom. Rezeptteil von B. Zöllner, (3211-0) Von Prof. Dr. med. G. Strohmeyer, 88 S., 4 Farbtafeln, kart. ●●

Ballaststoffreiche Kost bei Funktionsstörungen des Darms
Rezeptteil von B. Zöllner.
(3212-9) Von Prof. Dr. med. H. Kasper, 96 S., 34 Farbfotos, 1 s/w-Foto, kart. ●●

Diät bei Krankheiten des Magens und Zwölffingerdarms
Rezeptteil von B. Zöllner, (3201-3) Von Prof. Dr. med. H. Kaess, 96 S., 35 Farbfotos, 1 s/w-Zeichnung, kart. ●●

Diät bei Krankheiten der Gallenblase, Leber und Bauchspeicheldrüse
Rezeptteil von B. Zöllner.
(3207-2) Von Prof. Dr. med. H. Kasper, 88 S., 35 Farbfotos, 1 s/w-Zeichnung, kart. ●●

Diät bei Übergewicht
Rezeptteil von B. Zöllner.
(3209-9) Von Prof. Dr. med. Ch. Keller, 104 S., 42 Farbfotos, 3 s/w-Zeichnungen, kart. ●●

Diät bei Gicht und Harnsäuresteinen
Rezeptteil von B. Zöllner.
(3205-6) Von Prof. Dr. med. N. Zöllner, ca. 100 S., ca. 40 Farbtafeln, kart. ●●

Diät bei Herzkrankheiten und Bluthochdruck
Rezeptteil von B. Zöllner, (3202-1) Von Prof. Dr. med. H. Rottka, 92 S., 4 Farbtafeln, kart. ●●

Richtige Ernährung wenn man älter wird
Rezeptteil von B. Zöllner, (3204-8) Von Prof. Dr. med. H.-J. Pusch. 96 S., 36 Farbfotos und 3 s/w-Zeichnungen, kart. ●●

Diät bei Erkrankungen der Nieren, Harnwege und bei Dialysebehandlung
Rezeptteil von B. Zöllner, (3203-X) Von Prof. Dr. med. Dr. h. C. H. J. Sarre und Prof Dr. med. R. Kluthe, 96 S., 33 Farbfotos, 1 s/w-Zeichnung, kart. ●●

Diät bei Zuckerkrankheit
Rezeptteil von B. Zöllner, (3206-4) Von Prof. Dr. med. P. Dieterle, 112 S., 42 Farbfotos, 4 vierfarbige Vignetten, 1 s/w-Zeichnung, kart. ●●

Die aktuelle Colesterin-Tabelle
(1088-5) Hersg. von Dr. H. Oberritter, 84 S., 1 zweifarbige Grafiken, kartoniert. ●

Kochen für Diabetiker
Gesund und schmackhaft für die ganze Familie. (4132-2) Von M. Toeller, W. Schumacher, A. C. Groote, 224 S., 109 Farbfotos, 94 Zeichnungen, Pappband. ●●●

Neue Rezepte für Diabetiker-Diät
Vollwertig · abwechslungsreich · kalorienarm. (0418-4) Von M. Oehlrich, 96 S., 8 Farbtafeln, kart. ●

Diät bei Störungen des Fettstoffwechsels und zur Vorbeugung der Arteriosklerose
Rezeptteil von B. Zöllner, (3208-0) Von Prof. Dr. med. G. Wolfram. ca. 100 S., ca. 40 Farbfotos, kartoniert. ●●

Garten und Tiere

Garten heute
Der moderne Ratgeber · Über 1000 Farbbilder. (4283-3) Von H. Jantra, 384 S., über 1000 Farbabb., Pappband. ●●●●

Blütenpracht in Haus und Garten
Der große praktische Ratgeber mit über 1000 farbigen Abb.
(4145-4) Von M. Haberer, u.a. 352 S., 1012 Farbfotos, Pappband. ●●●●

1000 ganz bewährte Garten-Tips
(4453-4) Von H. Jantra, 320 S., 288 zweifarbige und 62 s/w-Zeichnungen, Pappband. ●●●

Blütenpracht aus winterharten Blumenzwiebeln
(**0772**-8) Von H. Lass, 112 S., 120 Farbfotos und Zeichungen, kart. ●●

Erfolgstips für den Obstgarten
Gesunde Früchte durch richtige Sortenwahl und Pflege.
(**0827**-9) Von F. Mühl, 184 S., 16 Farbtafeln, 33 Zeichnungen, kart. ●●

Erfolgstips für den Gemüsegarten
Mit naturgemäßem Anbau zu höherem Ertrag. (**0674**-8) Von F. Mühl, 80 S., 30 s/w-Fotos, 4 Zeichnungen, kart. ●

Mischkultur im Nutzgarten
Mit Jahreskalender und Anbauplänen
(**0651**-9) Von H. Oppel, 112 S., 8 Farbtafeln, 23 s/w-Fotos, 29 Zeichnungen, kart. ●

Der richtige Schnitt von Obst- und Ziergehölzen, Rosen und Hecken
(**0619**-5) Von E. Zettl, 88 S., 8 Farbtafeln, 39 Zeichnungen, 21 s/w-Fotos, kart. ●

Gesunde Zierpflanzen im Garten
Krankheiten erkennen und behandeln
Mit neuem Diagnose-System
(**4429**-1) Von Prof. Dr. G. Stelzer, 208 S., 456 Farbfotos, 5 s/w- und 5 Farbzeichnungen, Pappband. ●●●●

Erfolgstips für den Ziergarten
Schmuckpflanzen und Rasen richtig pflegen
(**0930**-5) Von F. Mühl, 156 S., 12 Farbtafeln, 26 s/w-Zeichnungen, kart. ●●

Erfolgreich gärtnern mit Frühbeet und Folie
(**0828**-7) Von Dr. Gustav Schoser, 88 S., 8 Farbtafeln, 46 s/w-Fotos, kart. ●

Das Bio-Gartenjahr
Arbeitsplan für naturgemäßes Gärtnern
(**4169**-1) Von N. Jorek, 128 S., 8 Farbtafeln, 70 s/w-Abb., kart. ●●

Erfolgreich gärtnern
durch naturgemäßen Anbau
(**4252**-3) Von I. Gabriel, 416 S., 176 Farbfotos, 212 Farbzeichnungen, Pappband. ●●●

Leben im Naturgarten
Der Biogärtner und seine gesunde Umwelt
(**4124**-1) Von N. Jorek, 128 S., 68 s/w-Fotos, kart. ●●

Aktion Garten ohne Gift
Gesunde Umwelt durch natürlichen Pflanzenschutz
Ein Praxis-Handbuch von E. Hoplitschek u. B.M. Tegethoff. (**4425**-9) 176 S., 250 Farbfotos, 36 Farb- und 29 s/w-Zeichn., Pbd. ●●●●

So wird mein Garten zum Biogarten
Alles über die Umstellung auf naturgemäßen Anbau.
(**0706**-X) Von I. Gabriel, 128 S., 73 Farbfotos, 54 Farbzeichnungen, kart. ●●

Neuanlage eines Biogartens
Planung, Bodenvorbereitung, Gestaltung
(**0721**-3) Von I. Gabriel, 128 S., 73 Farbfotos, 39 Zeichnungen, kart. ●●

Gesunde Pflanzen im Biogarten
Biologische Maßnahmen bei Schädlingsbefall und Pflanzenkrankheiten.
(**0707**-8) Von I. Gabriel, 128 S., 126 Farbfotos, kart. ●●

Obst und Beeren im Biogarten
Gesunde und schmackhafte Früchte durch natürlichen Anbau. (**0780**-9) Von I. Gabriel, 128 S., 109 Farbabb., kart. ●●

Gemüse im Biogarten
Gesunde Ernte durch natürlichen Anbau
(**0830**-9) Von I. Gabriel, 128 S., 26 Farbfotos, 86 Farbzeichnungen, kart. ●●

Kräuter und Heilpflanzen im Biogarten
Gesunde Ernte durch natürlichen Anbau
(**0929**-1) Von I. Gabriel, 112 S., 63 Farbfotos, 19 Farbzeichnungen, kart. ●●

Der biologische Zier- und Wohngarten
Planen, Vorbereiten, Bepflanzen und Pflegen
(**0748**-5) Von I. Gabriel, 128 S., 72 Farbfotos, 46 Farbzeichnungen, kart. ●●

Kosmische Einflüsse auf unsere Gartenpflanzen
Sterne beeinflussen Wachstum und Gesundheit der Pflanzen. (**0708**-6) Von I. Gabriel, 112 S., 100 Farbabb., kart. ●●

Natürlich gärtnern unter Glas und Folie
Anbauen und ernten rund ums Jahr.
(**0722**-1) Von I. Gabriel, 128 S., 107 Farbabb., kart. ●●

Speisepilze aus eigener Zucht
Anbau · Pflege · Zubereitung
(**0909**-7) Von U. Groos, 72 S., 8 Farbtafeln, 16 s/w-Zeichnungen, kart. ●

Dekorative **Kübelpflanzen**
Auswahl und Pflege
(**1074**-5) Von H. jantra, 112 S., ca. 180 Farbfotos, 35 Farbzeichnungen, kartoniert. ●●

Blütenpracht auf Balkon und Terrasse
(**0928**-3) Von M. Haberer, 88 S., 139 Farbfotos, kart. ●●

Gemüse, Kräuter, Obst aus dem Balkongarten
- Erfolgreich ernten auf kleinstem Raum
(**0694**-2) Von S. Stein, 32 S., 34 Farbfotos, 6 Zeichnungen, Spiralbindung, kart. ●

Grabgestaltung
Bepflanzung und Pflege zu jeder Jahreszeit
(**5120**-4) Von N. Uhl, 64 S., 77 Farbfotos, 2 Zeichnungen, Pappband. ●●

Kleingärten
Planen · Anlegen · Pflegen
(**1015**-X) Von H. Jantra, 88 S., 123 Farbfotos, 1 s/w-Foto, 14 Farbzeichnungen, kart. ●●

Reihenhausgärten
Planen · Anlegen · Pflegen
(**1016**-8) Von H. Jantra, 104 S., 134 Farbfotos, 45 Farbzeichnungen, kart. ●●

Steingärten Wirkungsvoll gestalten und sachgerecht pflegen
(**4452**-6) Von A. Throll-Keller, 128 S., 203 Farbfotos, 56 Farbzeichnungen, Pappband. ●●●●

Gartenteiche, Tümpel und Weiher
naturnah anlegen und pflegen
(**1073**-7) Von Dr. F. Liedl, H. Goos, 80 S., ca. 60 Farbfotos, ca. 40 Farbzeichnungen, kartoniert. ●●

Wasser im Garten
Von der Vogeltränke zum Naturteich · Natürliche Lebensräume selbst gestalten.
(**4230**-2) Von H. Hendel, P. Keßeler, 240 S., 315 Farbabb., 11 s/w-Fotos, Pappband. ●●●●●

Mein kleiner Gartenteich
planen – anlegen – pflegen
(**0851**-1) Von I. Polascheck, 144 S., 108 Farbabb., 6 s/w-Zeichnungen, kart. ●●

Häuser in lebendigem Grün
Fassaden und Dächer mit Pflanzen gestalten
(**0846**-5) Von U. Mehl, K. Werk, 88 S., 116 Farbfotos, 4 Farb- und 17 s/w-Zeichn., kart. ●●

Wintergärten
Das Erlebnis, mit der Natur zu wohnen
Planen, Bauen und Gestalten.
(**4256**-6) Von LOG ID, 136 S., 130 Farbfotos, 107 Zeichnungen, Pappband. ●●●●

Rund ums Jahr erfolgreich gärtnern
Gewächshäuser
planen · bauen · einrichten · nutzen
(**4408**-9) Von Dr. G. Schoser, J. Wolff, 232 S., 368 Farbabb., 5 s/w-Fotos, Pappband. ●●●●●

Ziergräser
Über 100 Arten erfolgreich kultivieren
(**0829**-5) Von H. Jantra, 104 S., 73 Farbfotos, 6 Farbzeichnungen, kart. ●●

Das moderne Handbuch **Zimmerpflanzen**
(**4416**-X) Von H. Jantra, 304 S., 766 Farbfotos, 64 Farb-und 19 s/w-Zeichn., Pappband. ●●●●

365 Erfolgstips für schöne Zimmerpflanzen
(**0893**-7) Von H. Jantra, 144 S., 215 Farbfotos, kart. ●●

Prof. Stelzers grüne Sprechstunde
Gesunde Zimmerpflanzen
Krankheiten erkennen und behandeln ·
Mit neuem Diagnosesystem.
(**4274**-4) Von Prof. Dr. G. Stelzer, 192 S., 410 Farbfotos, 10 s/w-Zeichnungen, Pappband. ●●●●

Hydrokultur
Pflanzen ohne Erde - mühelos gepflegt
(**0944**-5) Von H.-A. Rotter, 144 S., 167 Farbfotos, 13 Farbzeichnungen, kart. ●●

Zimmerpflanzen in Hydrokultur
Leitfaden für problemlose Blumenpflege.
(**0660**-8) Von H.-A. Rotter, 32 S., 76 Farbfotos, 8 farbige Zeichn., Pappband. ●

Zimmerbäume, Palmen und andere Blattpflanzen
Standort, Pflege, Vermehrung, Schädlinge
(**5111**-5) Von G. Schoser, 96 S., 98 Farbfotos, 7 Zeichnungen, Pappband. ●●

Bonsai Japanische Miniaturbäume und Miniaturlandschaften. Anzucht, Gestaltung und Pflege.
(**4091**-1) Von B. Lesniewicz, 160 S., 106 Farbfotos, 46 s/w-Fotos, 115 Zeichnungen, gebunden. ●●●●●

Keime, Sprossen, Küchenkräuter
am Fenster ziehen · rund ums Jahr
(**0658**-6) Von F. und H. Jantzen, 32 S., 55 Farbfotos, Pappband. ●

Falken-Handbuch **Orchideen**
Lebensraum, Kultur, Anzucht und Pflege.
(**4231**-0) Von G. Schoser, 144 S., 121 Farbfotos, 28 Farbzeichnungen, Pappband. ●●●

Fibel für Kakteenfreunde
(**0199**-1) Von H. Herold, 102 S., 23 Farbfotos, 37 s/w-Abb., kart. ●

Kakteen und andere Sukkulenten
300 Arten mit über 500 Farbfotos.
(**4116**-0) Von G. Andersohn, 316 S., 520 Farbfotos, 193 Zeichnungen, Pappband. ●●●●●

Grzimek Juniors **BUNTE TIERWELT**
(**4295**-7) Von Chr. Grzimek, 208 S., 308 Farbfotos, Pappband. ●●●

Falken-Handbuch **Hunde**
(**4118**-7) Von H. Bielfeld, 176 S., 222 Farb- und 73 s/w-Abb., Pappband. ●●●●

Das neue Hundebuch
Rassen · Aufzucht · Pflege
(**0009**-X) Von W. Busack, überarbeitet von Dr. med. vet. H. Hacker und H. Bielfeld, 112 S., 8 Farbt., 27 s/w-Fotos, 6 Zeichn., kart. ●

Hundeausbildung
Verhalten · Gehorsam - Ausbildung
(**0346**-3) Von Prof. Dr. R. Menzel, 88 S., 19 Fotos, kart. ●

Grundausbildung für Gebrauchshunde
Schäferhund, Boxer, Rottweiler, Dobermann, Riesenschnauzer, Airedaleterrier, Hovawart und Bouvier.
(**0801**-5) Von M. Schmidt und W. Koch, 104 S., 8 Farbtafeln, 51 s/w-Fotos, 18 s/w-Zeichnungen, kart. ●

Der Hund in der Familie
(**1014**-1) Von J. Werner, 128 S., 106 Farbfotos, kartoniert. ●●

Der Deutsche Schäferhund
Aufzucht, Pflege und Ausbildung.
(**0073**-1) Von A. Hacker, 104 S., 56 Abb., kart. ●

Alles über junge Hunde
(**0863**-5) Von Dr. med. vet. Bartenschlager, 64 S., 49 Farbfotos, 6 Zeichnungen, kart. ●

Richtige Hundeernährung
(**0811**-2) Von Dr. med. vet. E.M. Bartenschlager, 80 S., 51 Farbfotos, 4 Farbzeichn., kart. ●

Hundekrankheiten
(**1077**-X) Von Dr. med. vet. R. Spangenberg, 96 S., 44 Farb- und 1 s/w-Foto, 22 Farbzeichnungen, kartoniert. ●●

Falken-Handbuch **Katzen**
(**4158**-6) Von B. Gerber, 176 S., 294 Farb- und 88 s/w-Fotos, Pappband. ●●●●

Das neue Katzenbuch
Rassen · Aufzucht · Pflege.
(**0427**-3) Von B. Eilert-Overbeck, 120 S., 14 Farbfotos, 26 s/w-Fotos, kart. ●

Junge Katzen
(**0862**-7) Von Dr. med. vet. E.M. Bartenschlager, 72 S., 40 Farbf., 4 Farbzeichn., kart. ●

Falken-Handbuch **Pferde**
(**4186**-1) Von H. Werner, 176 S., 196 Farb- und 50 s/w-Fotos, 100 Zeichn., Pappband.
●●●●

Reiten im Bild
(**0415**-X) Von H. Werner, 128 S., 142 Farbfotos, 107 Farbzeichng., kartoniert. ●●

Der Hobby-Imker
(**0978**-X) Von Dr. R.F.A. Moritz, 144 S., 106 zweifarbige Zeichnungen, kart. ●●

Geflügelhaltung als Hobby
(**0749**-3) Von M. Baumeister, H. Meyer, 184 S., 8 Farbtafeln, 47 s/w-Fotos, 15 zweif. Zeichnungen, kart. ●●

Sittiche und kleine Papageien
(**0864**-3) Von Dr. med. vet. E.M. Bartenschlager, 88 S., 84 Farbfotos, 9 Zeichnungen, kart. ●

Alles über **Kanarienvögel**
(**0901**-1) Von H. Schnoor, 64 S., 58 Farbfotos und Zeichnungen, kartoniert. ●

Die Tiersprechstunde
Artgerechte Vogelfütterung im Winter
(**0908**-9) Von Dr. W. Keil, 64 S., 51 Farbfotos und Zeichnungen, kartoniert ●

Papageien und Sittiche
Arten · Pflege · Sprechunterricht
(**0591**-1) Von H. Bielfeld, 112 S., 8 Farbtafeln, kart. ●

Süßwasser-Aquarium
(**4191**-8) Von H. J. Mayland, 288 S., 564 Farbfotos, 75 Zeichnungen, Pappband. ●●●●

Das Süßwasser-Aquarium
Einrichtung · Pflege · Fische · Pflanzen
(**0153**-3) Von H. J. Mayland, 152 S., 16 Farbtafeln, 43 s/w-Zeichnungen, kart. ●●

Die Tiersprechstunde
Gesunde Fische im Süßwasseraquarium
(**1013**-3) Von H. J. Mayland, 96 S., 73 Farbfotos, 10 Zeichng., kartoniert. ●

Tiere im Wassergarten
(**0808**-2) Von Dr. med. vet. E.M. Bartenschlager, 96 S., 84 Farbf., 7 Zeichn., kart. ●

Die Tiersprechstunde
Alles über Zwerg- und Goldhamster
(**1012**-5) Von M. Mettler, 96 S., 96 Farbfotos, kartoniert. ●

Alles über Meerschweinchen
(**0809**-0) Von Dr. med. vet. E.M. Bartenschlager, 72 S., 43 Farbf., 11 Farbzeichn., kart. ●

Alle über Igel in Natur und Haus
(**0810**-4) Von Dr. med. vet. E.M. Bartenschlager, 68 S., 51 Farbfotos, kart. ●

Falken-Handbuch **Umweltschutz**
Das Öko-Testbuch für Eigeninitiative.
(**4160**-8) Von M. Häfner, 352 S., 411 Farbf., 152 Farbzeichnungen, Pappband. ●●●●

Rat und Wissen

Traumreisen
Unterwegs auf den schönsten Straßen der Welt
(**4468**-2) Von T. Pehle, 192 S., 312 Farbfotos, 12 Übersichtskarten, Pappband. ●●●●

Vom Morgenland ins Reich der Abendgöttin
Lebensbilder aus dem Nahen und Fernen Osten
(**4449**-6) Von J. Schneider, H. Schoen, 160 S., 266 Farbfotos, 1 farbige Karte, Pappband.
●●●●

Keinen Mann um jeden Preis
Das neue Selbstverständnis der Frau in der Partnerbeziehung
(**4440**-2) Von Shere Hite, Kate Colleran, 208 S., Pappband. ●●●

Haushaltstips praktisch und umweltfreundlich
(**1046**-X) Von K. Winkell, 96 S., 36 Zeichnungen, kartoniert. ●

Umgangsformen heute
Die Empfehlungen des Fachausschusses für Umgangsformen (**4015**-6) 252 S., 108 s/w-Fotos, 17 Zeichnungen, Pappband. ●●●

Benehmen bei Tisch
(**0988**-7) Von I. Cording, 80 S., 90 Farbfotos, 5 s/w-Zeichnungen, kart. ●●

Der gute Ton
in Gesellschaft und Beruf
(**0063**-4) Von I. Wolter, 80 S., 42 s/w-Fotos, 7 Zeichnungen, kartoniert. ●

Familienforschung · Ahnentafel · Wappenkunde
Wege zur eigenen Familienchronik
(**0744**-2) Von P. Bahn, 128 S., 8 Farbtafeln, 30 Abbildungen, kart. ●●

Wie soll es heißen?
(**0211**-4) Von D. Köhr, 136 S., kart. ●

Die Silberhochzeit
Vorbereitung · Einladung · Geschenkvorschläge · Dekoration · Festablauf · Menüs · Reden · Glückwünsche. (**0542**-3) Von K.F. Merkle, 112 S., 41 Zeichnungen, kart. ●

Wir feiern Hochzeit
Phantasievolle und moderne Festgestaltung
(**0943**-7) Von H.J. Winkler, 112 S., kart. ●

Wir heiraten
Ratgeber zur Vorbereitung und Festgestaltung der Verlobung und Hochzeit. (**4188**-8) Von C. Poensgen, 216 S., 8 s/w-Fotos, 30 s/w-Zeichn., 8 Farbt., Pappband. ●

Von der Verlobung zur Goldenen Hochzeit
(**0393**-0) Von E. Ruge, 112 S., kart. ●

Hochzeits- und Bierzeitungen
Muster, Tips und Anregungen. (**0288**-2) Von H.-J. Winkler, mit vielen Text- und Gestaltungsanregungen, 116 S., 15 Abb., 1 Musterzeitung, kart. ●

Moderne Korrespondenz
Handbuch für erfolgreiche Briefe
(**4014**-8) Von H. Kirst und W. Manekeller, 544 S., Pappband ●●●●

Der richtige Brief
zu jedem Anlaß
Das moderne Handbuch mit
400 Musterbriefen
(**4179**-9) Von H. Kirst, 376 S., Pappband.
●●●

Musterbriefe
für alle Gelegenheiten. (**0231**-9) Hrsg. von O. Fuhrmann, 240 S., kart. ●●

Privatbriefe
Muster für alle Gelegenheiten. (**0114**-2) Von I. Wolter-Rosendorf, 112 S., kart. ●

Der neue Briefsteller
Musterbriefe für alle Gelegenheiten.
(**0060**-X) Von I. Wolter-Rosendorf, 96 S., kart. ●

Erfolgstips für den Schriftverkehr
Briefgestaltung · Rechtschreibung · Zeichensetzung · Stil. (**0678**-0) Von U. Schoenwald, 112 S., kart. ●

Geschäftliche Briefe
des Privatmanns, Handwerkers, Kaufmanns
(**0041**-3) Von A. Römer, 124 S., kart.●

Behördenkorrespondenz
Musterbriefe · Anträge · Einsprüche
(**0412**-5) Von E. Ruge, 112 S., kart.●

FALKEN-Software
TEXAD
Das komfortable Korrespondenzprogramm für den privaten und geschäftlichen Bereich
(**7017**-9) 2 Disketten für IBM-PC + Kompatible, 5 1/4'', mit Begleitheft, Einführungspreis: **DM 198,–**', S 1390,–'; SFr 193,30 bis 11.10.1990, danach **DM 258,–**', S 2580,–'; SFr 251,70.
(**7048**-0) Diskette 3 1/2'', mit Handbuch.
●●●●●'
(**7049**-7) Demo-Version 5 1/4'', o. Handbuch. ●● '
(**7050**-0) Demo-Version 3 1/2'', o. Handbuch. ●●

Worte und Briefe der Anteilnahme
(**0464**-8) Von E. Ruge, 96 S., mit vielen Abb., kart. ●

Briefe zu Geburt und Taufe
Glückwünsche und Danksagungen. (**0802**-3) Von H. Beitz, 96 S., 12 Zeichnungen, kart. ●

Briefe zum Geburtstag
Glückwünsche und Danksagungen. (**0822**-8) Von H. Beitz, 104 S., 22 Zeichnungen, kart. ●

Briefe der Liebe
Anregungen für gefühlvolle und zärtliche Worte. (**0903**-8) Hrsg. von H. Beitz, 96 S., 4 Zeichnungen, kart. ●

Briefe zur Hochzeit
Glückwünsche und Danksagungen. (**0852**-X) Von R. Röngen, 96 S., 1 Zeichnung, 39 Vignetten, kart. ●

Reden und Ansprachen
für jeden Anlaß. (**4009**-1) Hrsg. von F. Sicker, 454 S., gebunden. ●●●

Die Kunst der freien Rede
Ein Intensivkurs mit vielen Übungen, Beispielen und Lösungen.
(**4189**-6) Von G. Hirsch, 232 S., 11 Zeichnungen, Pappband. ●●●

Die überzeugende Rede
Mehr Erfolg durch bessere Rhetorik
(**0076**-4) Von K. Wolter, G. Kunz, 96 S., kart. ●

Festreden und Vereinsreden
Muster für alle Gelegenheiten
(**0069**-3) Von K. Lehnhoff, E. Ruge, 96 S., kart. ●

Trinksprüche, Gästebuchverse, Richtsprüche
(**0224**-6) Von D. Kellermann, 96 S., kart. ●

Trinksprüche
Fest- und Damenreden in Reimen
(**0791**-4) Von L. Metzner, 96 S., 14 s/w-Zeichnungen, kart. ●

Glückwünsche, Toasts und Festreden zur Hochzeit
(**0264**-5) Von I. Wolter, 112 S., 18 Zeichnungen, kart. ●

Reden zur Taufe, Kommunion und Konfirmation
(**0751**-5) Von G. Georg, 96 S., kart. ●

Reden zur Hochzeit
Musteransprachen für Hochzeitstage
(**0654**-3) Von G. Georg, 112 S., kart. ●

Reden zu Familienfesten
Musteransprachen für viele Gelegenheiten
(0675-6) Von G. Georg, 112 S., kart. ●

Reden zum Geburtstag
Musteransprachen für familiäre und offizielle
Anlässe. (0773-6) Von G. Georg, 96 S., kart.
●

Reden im Verein
Musteransprachen für viele Gelegenheiten
(0703-5) Von G. Georg, 112 S., kart. ●

Reden zum Jubiläum
Musteransprachen für viele Gelegenheiten
(0595-4) Von G. Georg, 112 S., kart. ●

**Reden und Sprüche zu Grundstein-
legung, Richtfest und Einzug**
(0598-0) Von A. Bruder, G. Georg, 96 S.,
kart. ●

Reden zum Ruhestand
Musteransprachen zum Abschluß des Berufs-
lebens (0790-6) Von G. Georg, 104 S., kart.
●

Neue Glückwunschfibel
für groß und klein. (0156-8) Von R. Christian-
Hildebrandt, 96 S., 13 Vignetten, kart. ●

Großes Buch der Glückwünsche
(0255-6) Hrsg. von O. Fuhrmann, 176 S.,
77 Zeichnungen und viele Gestaltungsvorschläge, kart. ●●

Herzliche Glückwünsche!
Die schönsten Gedichte und Texte für viele
Gelegenheiten. (0942-9) Hrsg. Von B.H. Bull,
256 S., 50 Zeichnungen, Pappband. ●●

Der Verseschmied
Kleiner Leitfaden für Hobbydichter. Mit
Reimlexikon. (0597-0) Von T. Parisius, 96 S.,
28 Zeichnungen, kart. ●

Verse fürs Poesiealbum
(0241-6) Von I. Wolter, 96 S., 20 Abb., kart. ●

Rosen, Tulpen, Nelken...
Beliebte Verse fürs Poesiealbum
(0431-1) Von W. Pröve, 96 S., 11 Faksimile-
Abb., kart. ●

**Kindergedichte zur grünen, silbernen
und goldenen Hochzeit**
(0318-8) Von H.-J. Winkler, 104 S., 20 Abb.,
kart. ●

Glückwunschverse für Kinder
(0277-7) Von B. Ulrici, 80 S., kart. ●

Kindergedichte für Familienfeste
(0860-0) Von B.H. Bull, 96 S., 20 Zeichnungen, kart. ●

Kindergedichte rund ums Jahr
(1040-0) Von A. Schweiggert, 80 S., 49
Zeichnungen, 6 Vignetten, kartoniert. ●

Ins Gästebuch geschrieben
(0576-8) Von K.H. Trabeck, 96 S., 24 Zeichnungen, kart. ●

**Die schönsten Wander- und
Fahrtenlieder**
(0462-1) Hrsg. Von F.R. Miller, empfohlen
vom Deutschen Sängerbund, 80 S., mit
Noten und Zeichnungen, kart. ●

Die schönsten Volkslieder
(0432-X) Hrsg. Von D. Walther, 128 S., mit
Noten und Zeichnungen, kart. ●

**Erziehungsgeld, Mutterschutz,
Erziehungsurlaub**
Das neue Recht für Eltern
(0835-X) Von J. Grönert, 144 S., kart. ●

Liebe ja – Ehe nein
Die nichteheliche Lebensgemeinschaft
(1071-0) Von T. Drewes, 104 S., 8 s/w-Zeich-
nungen, kartoniert. ●

Scheidung und Unterhalt
nach dem neuen Eherecht. (0403-6) Von T.
Drewes, 112 S.,,mit Kosten und Unterhalts-
tabellen, kart. ●

Was heißt hier minderjährig?
(0765-5) Von R. Rathgeber, C. Rummel, 148
S., 50 Fotos, 25 Zeichnungen, kart. ●●

Testament und Erbschaft
Erbfolge, Rechte und Pflichten der Erben,
Erbschafts-und Schenkungssteuer, Muster-
testamente. (4139-X) Von T. Drewes, R. Hol-
lender, 304 S., Pappband. ●●●

Erbrecht und Testament
Mit Erläuterungen des Erbschaftssteuer-
gesetzes von 1974. (0046-4) Von Dr. jur. H.
Wandrey, 124 S., kart. ●

Der letzte Wille
Ratgeber für Erblasser, Erben und Hinter-
bliebene in Rechts-, Versorgungs- und Steu-
erfragen
(0939-9) Von T. Drewes, 136 S., 9 s/w-Zeich-
nungen, kart. ●●

Mietrecht
Leitfaden für Mieter und Vermieter
(0479-6) Von J. Beuthner, 196 S., kart. ●●

Präzise Ratschläge für **Ihre optimale Rente**
Vorbereitung · Berechnungsgrundlagen · Ge-
setzesänderungen · Individuelle Rechenbei-
spiele. (0806-6) Von K. Möcks, 96 S., 24 For-
mulare, 1 Graphik, kart. ●

Das große farbige Kinderlexikon
(4195-0) Von U. Kopp, 320 S., 493 Farbabb.
17 s/w-Fotos, Pappband. ●●●

Gitarre spielen
Ein Grundkurs für den Selbstunterricht
(0534-2) Von A. Roßmann, 96 S., 1 Schallfo-
lie, 150 Zeichnungen, kart. ●●●

So lernt man leicht und schnell
Maschinenschreiben
Lehrbuch für Schulen, Lehrgänge und Selbstunterricht. (0568-7) Von M. Kempkes, 112 S.,
48 Zeichnungen, kart. ●●

FALKEN-Software
Maschinenschreiben
In 10 Tagen spielend gelernt. Von Unterichts-
medien Hoppius. (7008-X) Diskette für den
C 64 und C 128 PC ●●●●*

FALKEN-Software
**Maschinenschreiben und Tastatur-
training für Computer**
(7009-8) Von B. Hoppius, Diskette 5 1/4'' u.
3 1/2'' für IBM PC + Kompatible, mit Beglei-
heft. ●●●●●*

Maschinenschreiben im Selbstunterricht
(0170-3) Von A. Fonfara, 88 S., kart. ●

Buchführung leicht gemacht
Ein methodischer Grundkurs für den Selbst-
unterricht. (4238-8) Von D. Machenheimer,
R. Kersten, 252 S., Pappband ●●●

Buchführung leicht gefaßt
Für Handwerker, Gewerbetreibende und frei-
berufliche Tätige. (0127-4) Von R. Pohl. 104
S., kart. ●

Stenografie leicht gelernt
im Kursus oder Selbstunterricht
(0266-1) Von H. Kaus, 64 S., kart. ●

**Erfolgreiche Bewerbung um einen Aus-
bildungsplatz**
(0715-9) Von H. Friedrich, 128 S., kart. ●

Bewerbungsstrategien
Erfolgreiche Konzepte für Karrierebewußte
(1027-3) Von Dr. W. Reichel, 128 S., kartoniert. ●

Die Bewerbung
Der moderne Ratgeber für Bewerbungsbriefe, Lebenslauf und Vorstellungsgespräche. (4138-1) Von W. Manekeller, 264 S.,
Pappband. ●●

Lebenslauf und Bewerbung
Beispiele für Inhalt, Form und Aufbau
(0428-1) Von H. Friedrich, 112 S., kart. ●

Die erfolgreiche Bewerbung
Bewerbung und Vorstellung. (0173-8) Von W.
Manekeller, U. Schoenwald, 144 S., kart. ●●

**Erfolgreiche Bewerbungsbriefe und
Bewerbungsformen**
(0138-X) Von W. Manekeller, U. Schoenwald,
88 S., kart. ●

Die Handschrift als Spiegel des Charakters
Graphologie
(1025-7) Von Dr. W. Busch, 104 S., 87 Schrift-
proben, kartoniert. ●

Vorstellungsgespräche
sicher und erfolgreich führen. (0636-5) Von
H. Friedrich, 144 S., kart. ●

Keine Angst vor Einstellungstests
Ein Ratgeber für Bewerber. (0793-6) Von Ch.
Titze, 128 S., 67 Zeichnungen, kart. ●

FALKEN-Software
Einstellungstests
(7013-6) Von B. Hoppius, Wendediskette für
C 64/C 128 PC, mit Begleitheft, ●●●●*

Die ersten Tage am neuen Arbeitsplatz
Ratschläge für den richtigen Umgang mit
Kollegen und Vorgesetzten
(0855-4) Von H. Friedrich, 104 S., kart. ●

Zeugnisse im Beruf
richtig schreiben, richtig verstehen
(0544-X) Von H. Friedrich, 112 S., kart. ●

So werde ich erfolgreich
Ratschläge und Tips für Beruf und Privat-
leben. (0918-6) Von H. Hans, 104 S., kart.
●●

Wege zum Börsenerfolg
Aktien · Anleihen · Optionen
(4275-2) Von H. Krause, 252 S., 4 s/w-Fotos,
86 Zeichnungen, Pappband. ●●●

FALKEN-Software
Börsenfieber
Spielend spekulieren mit Geld und Aktien
(7016-0) IBM PC und Kompatible, Diskette
5 1/4'', mit Begleitheft, ●●●●*

Konvertierungen:
(7026-8) für C 64/C 128 PC, mit Begleitheft
(7027-6) für Atari ST 520/1040, mit Begleitheft
(7028-4) für Amiga, mit Begleitheft
(7044-6) für IBM PC + Kompatible, Diskette
3 1/2'', mit Begleitheft

Schülerlexikon der Mathematik
Formeln, Übungen und Begriffserklärungen
für die Klassen 5–10. (0430-3) Von R. Müller, 176 S., 96 Zeichnungen, kart. ●

Mathematik verständlich
Zahlenbereiche Mengenlehre, Algebra,
Geometrie, Wahrscheinlichkeitsrechnung,
Kaufmännisches Rechnen. (4135-7) Von
R. Müller, 652 S., 10 s/w- und 109 Farbfotos,
802 Farbabb. und 79 s/w-Zeichnungen, über
2500 Beispiele und Übungen mit Lösungen,
Pappband. ●●●●●

Mehr Erfolg in der Schule **Mathematik 1**
Arithmetik und Algebra
Übungen, Beispiele und Lösungen für die
Klasse 5 bis 10
(4420-8) Von R. Müller-Fonfara, 256 S.,
193 Zeichn., 2 s/w-Fotos, Pappband. ●●●

Mathematik 2
Geometrie, Statistik, Wahrscheinlichkeitsrechnung und kaufmännisches Rechen
(4456-9) Von R. Müller-Fonfara, W. Scholl,
256 S., 6 s/w-Fotos, 304 Zeichnungen, Pappband. ●●●

**Mathematische Formeln für Schule und
Beruf**
Mit Beispielen und Erklärungen. (0499-0)
Von R. Müller-Fonfara, 156 S., 210 Zeichnun-
gen, kart. ●

Rechnen aufgefrischt für Schule und Beruf.
(0100-2) Von H. Rausch, 144 S., kart. ●

FALKEN-Software
Wirtschaftsrechnen in Beruf und Alltag
(7037-3) Diskette für IBM-PC und Kompatible, mit Begleitheft. ●●●●●*

Physik verständlich
Förderkurs für die Klassen 7 bis 10
(0926-7) Von Dr. Th. Neubert, 136 S., 146
s/w-Zeichnungen, 166 Aufgaben, kart. ●●
Richtige Groß- und Kleinschreibung
durch neue, vereinfachte Regeln. Erläuterungen der Zweifelsfragen anhand vieler
Beispiele. **(0897**-X) Von Prof. Dr. Dr. Ch. Stetter,
96 S., kart. ●
Gutes Deutsch schreiben und sprechen
(4432-1) Von W. Manekeller, Dr. G. Reinert-Schneider, 416 S., durchgehend zweifarbig,
Pappband. ●●●●
Deutsche Grammatik
Ein Lern- und Übungsbuch. **(0704**-3) Von K.
Schreiner, 112 S., kart. ●
Mehr Erfolg in der Schule
**Deutsche Rechtschreibung und
Grammatik**
Übungen und Beispiele für die Klassen 5–10.
(4407-0) Von K. Schreiner, 256 S., durchgehend zweifarbig, Pappband. ●●●
Richtiges Deutsch
Rechtschreibung · Zeichensetzung · Grammatik · Stilkunde. **(0551**-2) Von K. Schreiner,
128 S., 7 Zeichnungen, kart. ●
Mehr Erfolg in der Schule
Der Deutschaufsatz
Übungen und Beispiele für die Klassen 5–10.
(4271-X) Von K. Schreiner, 240 S., 4
s/w-Fotos, 51 Zeichnungen, Pappband. ●●●
Aufsätze besser schreiben
Förderkurs für die Klassen 4–10. **(0429**-X)
Von K. Schreiner, 144 S., 4 s/w-Fotos, 27
Zeichnungen, kart. ●●
Mehr Erfolg in Schule und Beruf
Besseres Deutsch
Mit Übungen und Beispielen für Rechtschreibung, Diktate, Zeichensetzung, Aufsätze,
Grammatik, Literaturbetrachtung, Stil, Briefe,
Fremdwörter, Reden. **(4115**-2) Von K. Schreiner, 444 S., 7 s/w-Fotos, 27 Zeichnungen,
Pappband. ●●●
Richtige Zeichensetzung
durch neue, vereinfachte Regeln. Erläuterungen der Zweifelsfragen anhand vieler
Beispiele. **(0744**-4) Von Prof. Dr. Ch. Stetter,
160 S., kart. ●
Diktate besser schreiben
Übungen zur Rechtschreibung für die Klasse
4–8. **(0469**-9) Von K. Schreiner, 152 S.,
31 Zeichnungen, kart. ●
Besseres Englisch
Grammatik und Übungen für die Klassen
5 bis 10. **(0745**-0) Von E. Henrichs, 144 S.,
kart. ●●
Mehr Erfolg in der Schule
Englische Grammatik
Regeln und Übungen für die Klassen 5 bis 13
(4431-3) Von E. Heinrichs-Kleinen, 256 S.,
durchgehend zweifarbig, Pappband. ●●●
FALKEN-Software
The Grammar-Master
Englische Grammatik üben und beherrschen
(7002-0) Diskette für den C 64/C 128 PC
●●●●*
Konvertierungen:
(7030-6) Diskette für IBM PC + Kompatible,
mit Begleitheft. ●●●●●*
(7031-4) Diskette für Atari ST 520/1040, mit
Begleitheft. ●●●●●*
(7032-2) Diskette für Amiga, mit Begleitheft.
●●●●●*
FALKEN-Software
Take a Trip to Britain
(7004-7) Von reLine, Diskette für C 64/C 128
PC, mit Begleitheft. ●●●●*
Konvertierungen:
(7039-X) Diskette 5 1/4'' für IBM PC + Kompatible, mit Begleitheft. ●●●●●*

FALKEN-Software
Vokabeltrainer Englisch
Von B. Hoppius. **(7001**-2) 2 Disketten für
C 64/C 128 PC, mit Begleitheft. ●●●●●*·
(7007-1) Wendediskette für Atari ST
520/1040, mit Begleitheft. ●●●●●*
FALKEN-Software
Vokabel Trainer Französisch
Über 2000 Vokabeln und Redewendungen
(7018-7) Systemdiskette u. Wendediskette
für C 64/C 128 PC, mit Begleitheft,
(7019-5) Diskette für IBM-PC und Komp., mit
Begleitheft. ●●●●●
FALKEN-Software
Bon voyage
Spielend Französisch lernen mit dem Computer
(7036-5) Diskette für IBM PC + Kompatible,
mit Begleitheft. ●●●●●*
Konvertierungen:
(7042-X) Diskette für Atari ST 520/1040, mit
Begleitheft. ●●●●●*
(7043-8) Diskette für Amiga, mit Begleitheft.
●●●●●*
FALKEN-Software
Vokabel Trainer Latein
(7022-5) Von B. Hoppius, Wendediskette für
C 64/C 128 PC, mit Begleitheft. ●●●●●
Konvertierungen:
(7033-0) Diskette für IBM PC + Kompatible,
mit Begleitheft. ●●●●●*
Schnell und sicher zum Führerschein
Tips und Tricks aus 30jähriger-Fahrschul-Praxis. **(0921**-6) Von O. Einert, 152 S., 156
Farbfotos, 161 z.T. farb. Zeichnungen, kart.
●●
FALKEN-Software
Schnell und sicher zum Führerschein
Intensivtraining mit dem amtlichen Fragenkatalog
(7011-X) Diskette für C 64/C 128 PC, mit
Begleitheft und Fragenkatalog. ●●●●●*
Konvertierungen:
(7024-1) Diskette für Atari ST 520/1040, mit
Begleitheft. ●●●●●*
(7029-2) Diskette für Amiga mit Begleitheft.
●●●●●*
Die neue Lebenshilfe **Biorhythmik**
Höhen und Tiefen der persönlichen Lebenskurven vorausberechnen und danach handeln. **(0458**-3) Von W. A. Appel, 157 S.,
63 Zeichnungen, Pappband. ●●
Wie Sie im Schlaf das Leben meistern
Schöpferisch träumen
Der Klartraum als Lebenshilfe
(4258-2) Von Prof. Dr. D. P. Tholey, K. Utecht.
280 S., 1 s/w-Foto, 20 Zeichn., Pbd. ●●●
Falken-Handbuch **Astrologie**
Charakterkunde · Schicksal · Liebe und Beruf
Berechnung und Deutung von Horoskopen ·
Aszendententabelle. **(4068**-7) Von B.A. Mertz,
342 S., mit 60 erläuternden Grafiken,
Pappband. ●●●
Wahrsagen mit Tarot-Karten
(0482-6) Von E.J. Nigg, 112 S., 4 Farbtafeln,
52 s/w-Abb., Pappband. ●
Selbst wahrsagen mit Karten
Die Zukunft in Liebe, Beruf und Finanzen
(0404-4) Von R. Koch, 80 S., 252 Abb.,
Pappband. ●
Die 12 Tierzeichen
Chinesisches Horoskop
(0423-0) Von G. Haddenbach, 128 S., Pappb. ●
Die 12 Sternzeichen
Charakter, Liebe und Schicksal. **(0385**-4)
Von G. Haddenbach, 136 S., kart. ●●

Partnerschaftshoroskop
Glück und Harmonie mit Ihrem Traumpartner. **(0587**-3) Von G. Haddenbach, 112 S.,
11 Zeichnungen, kart. ●
Sternstunden
für Liebe, Glück und Geld, Berufserfolg und
Gesundheit. Das ganz persönliche Mitbringsel für **Widder (0621**-7), **Stier (0622**-5),
Zwillinge (0623-3), **Krebs (0624**-1), **Löwe
(0625**-7), **Jungfrau (0626**-8), **Waage
(0627**-6), **Skorpion (0628**-4), **Schütze
(0629**-2), **Steinbock (0630**-6), **Wassermann (0631**-4), **Fische (0632**-2) Von L. Cancer, 62 S., durchgehend farbig, Zeichnungen, Pappband. ●
Im Zeichen der Sterne
(0951-8) Der feurige Widder
(0952-6) Der willensstarke Stier
(0953-4) Die vielseitigen Zwillinge
(0954-2) Der feinfühlige Krebs
(0955-0) Der königliche Löwe
(0956-9) Die zuverlässige Jungfrau
(0957-7) Die charmante Waage
(0958-5) Der leidenschaftliche Skorpion
(0959-3) Der temperamentvolle Schütze
(0960-7) Der treue Steinbock
(0961-5) Der selbstbewußte Wassermann
(0962-3) Die romantischen Fische
Von G. Haddenbach, 64 S., 35 Farbfotos,
Pappband. ●

Humor und Unterhaltung

Heitere Vorträge
(0528-8) Von E. Müller, 128 S., 14 Zeichnungen, kart. ●
So feiert man Feste fröhlicher
Heitere Vorträge und Gedichte
(0098-7) Von Dr. Allos, 96 S., 15 Abb., kart. ●
Heitere Vorträge und witzige Reden
Lachen, Witz und gute Laune
(0149-5) Von E. Müller, 104 S., 44 Abb., kart. ●
Lustige Vorträge für fröhliche Feiern
(0284-X) Von K. Lehnhoff, 96 S., kart. ●
Da lacht das Publikum
Neue lustige Vorträge für viele Gelegenheiten. **(0716**-7) Von H. Schmalenbach, 96 S.,
kart. ●
Humor und Stimmung
Ein heiteres Vortragsbuch
(0460-5) Von G. Wagner, 112 S., kart. ●
Gereimte Vorträge
für Bühne und Bütt. **(0567**-9) Von G. Wagner,
96 S., kart. ●
Narren in der Bütt
Leckerbissen aus dem rheinischen Karneval
(0216-5) Zusammengestellt von T. Lücker,
112 S., kart. ●
Damen in der Bütt
Scherze, Büttenreden, Sketche
(0354-4) Von T. Müller, 136 S., kart. ●
Rings um den Karneval
Karnevalsscherze und Büttenreden
(0130-4) Von Dr. Allos, 144 S., 2 Zeichnungen, kart. ●
Wir feiern Karneval
Festgestaltung und Reden für die närrische
Zeit. **(0904**-6) Von M. Zweigler, 120 S., 7
Zeichnungen, kart. ●
Helau und Alaaf 1 Närrisches aus der Bütt
(0304-X) Von E. Müller, 112 S., 4 Zeichnungen, kart. ●
Helau und Alaaf 2
Neue Büttenreden für Sie und Ihn
(0477-X) Von E. Luft, 96 S., kart. ●

Helau und Alaaf 3
Neue Reden für die Bütt. (0832-5) Von H.
Fauser, 112 S., 13 Zeichnungen, kart. ●

Helau und Alaaf 4
Neue Büttenreden für Sie und Ihn
(0983-6) Hrsg. H. Fauser, 96 S., 15 s/w-
Zeichn., zahlreiche Vignetten, kart. ●

Locker vom Hocker
Witzige Sketche zum Nachspielen
(4262-0) Von W. Giller, 144 S., 41 Zeichnungen, Pappband. ● ●

Sketche und Blackouts zum Nachspielen
(0941-0) Von E. Cohrs, 112 S., 12 Zeichnungen, kart. ●

Sketche und spielbare Witze
für bunte Abende und andere Feste.
(0445-1) Von H. Friedrich, 112 S., 7 Zeichnungen, kart. ●

Sketche
Kurzspiele zu amüsanter Unterhaltung.
(0247-5) Von M. Gering, 96 S., 4 s/w-Zeich-
nungen, kart., ●

Vorhang auf!
Neue Sketche für jung und alt.
(0898-8) Von H. Pillau, 96 S., 22 Zeichnungen, kart. ●

Witzige Sketche zum Nachspielen
(0511-3) Von D. Hallervorden, 112 S., kart.
● ●

Tolle Sketche
mit zündenden Pointen – zum Nachspielen.
(0656-X) Von E. Cohrs, 112 S., kart. ●

Vergnügliche Sketche
(0476-1) Von H. Pillau, 96 S., 7 Zeichn., kart.
●

Lustige Sketche
Kurze Theaterstücke für Jungen und
Mädchen
(0669-1) Von U. Lietz, U. Lange, 96 S., kart.
●

Spielbare Witze für Kinder
(0824-4) Von H. Schmalenbach, 112 S.,
30 Zeichnungen, kart. ●

Witze
Lachen am laufenden Band (4241-8) Von J.
Burkert, D. Kroppach; 400 S., 41 Zeichnun-
gen, Pappband. ● ●

Die besten Kalauer
(0705-1) Von K. Frank, 112 S., 12 Zeichnungen, kart. ●

Die besten Beamtenwitze
(0574-1) Von W. Pröve, 80 S., 39 Zeichnungen, kart. ●

O frivol ist mir am Abend
Pikante Witze von Fred Metzler. (0388-9)
Von F. Metzler, 128 S., mit Karikaturen, kart.
●

Fips Asmussens Witze
am laufenden Band
(0461-3) 96 S., kart. ●

Spaßvögel
Über sexhundert komische Nummern
(0888-0) Von E. Zeller, mit Limericks Von W.
Müller, 220 S., 200 Vignetten, kart. ●

Heller Wahnwitz
(0887-2) Von D. Kroppach, 220 S., 200 Vignetten, kart. ●

**Die Kleidermotte ernährt sich von nichts,
sie frißt nur Löcher**
Stilblüten, Sprüche und Widersprüche aus
Schule, Zeitung, Rundfunk und Fernsehen.
(0738-8) Von P. Haas, D. Kroppach, 112 S.,
zahlreiche Abb. kart. ●

Witzig, witzig
(0507-5) Von E. Müller, 128 S., 16 Zeichnungen, kart. ●

Die besten Kinderwitze
(0757-4) Von K. Rank, 112 S., 28 Zeichnungen, kart. ●

Ich lach mich kaputt!
Die besten Kinderwitze
(0545-8) Von E. Hannemann, 96 S., 10
Zeichnungen, kart. ●

Lach mit!
Witze für Kinder, gesammelt von Kindern.
(0468-0) Von W. Pröve, 96 S., 17 Zeichnungen, kart. ●

**Die besten Kurzgeschichten von Mark
Twain**
(4458-5) Ausgewählt von D. Zimmer, 128 S.,
Pappband. ●

Kritik des Herzens
Heiter-besinnliche Verse von Wilhelm
Busch
(4459-3) Herausgegeben von D. Zimmer,
96 S., Pappband. ●

**Die schönsten Galgenlieder von Christian
Morgenstern**
(4460-7) Ausgewählt von D. Zimmer, 128 S.,
Pappband. ●

Scherz und Satire von Roda Roda
(4462-3) Ausgewählt von D. Zimmer, 112 S.,
Pappband. ●

Beliebte Autoren des 19. Jahrhunderts
Englischer Humor
(4463-1) Ausgewählt von D. Zimmer, 112 S.,
Pappband. ●

Spiele und Denksport

**Neues Buch der siebzehn und vier
Kartenspiele**
(0095-2) Von K. Lichtwitz, 96 S., kart. ●

Alles über Pokern
Regeln und Tricks. (2024-4) Von C.D. Grupp,
112 S., 29 Kartenbilder, kart. ●

Rommé und Canasta
in allen Variationen. (2025-2) Von C.D.
Grupp, 88 S., 24 Zeichnungen, kart. ●

Doppelkopf, Schafkopf, Binokel, Cego,
Tarock und andere Stammtischspiele.
(2015-5) Von C.D. Grupp, 112 S., kart. ●

Black Jack
Regeln und Strategien des Kasinospiels.
(2032-3) Von K. Kelbratowski, 88 S., kart. ●

Spielend Skat lernen
unter freundlicher Mitarbeit des Deutschen
Skatverbandes. (2005-8) Von Th. Krüger,
120 S., 181 s/w-Fotos, 22 Zeichn., kart. ●

Falken-Handbuch Patiencen
Die 111 interessantesten Auslagen
(4151-9) Von U.v.Lyncker, 216 S., 108 Abbildungen, Pappband. ● ● ●

Patiencen
in Wort und Bild. (2003-1) Von I. Wolter-
Rosendorf, 120 S., kart. ●

Neue Patiencen
(2036-8) Von H. Sosna, 160 S., 43 Farbtafeln, kart. ● ●

Falken-Handbuch Bridge
Von den Grundregeln zum Turnierspiel
(4092-X) Von W. Voigt und K. Ritz, 280 S.,
792 Zeichnungen, gebunden. ● ● ● ●

Spielend Bridge lernen
(2012-0) Von J. Weiss, 96 S., 58 Zeichnungen, kart. ●

Präzisions-Treff im Bridge
(2037-6) Von E. Jannersten, 152 S., kart. ● ●

Spieltechnik im Bridge
(2004-X) Von V. Mollo und N. Gardener,
deutsche Adaption Von D. Schröder, 152 S.,
kart. ● ● ●

Besser Bridge spielen
Reiztechnik, Spielverlauf und Gegenspiel.
(2026-0) Von J. Weiss, 144 S., 60 Diagramme, kart. ● ●

Kartentricks
(2010-4) Von T.A. Rosee, 80 S., 13 Zeichnungen, kart. ●

Neue Kartentricks
(2027-9) Von K. Pankow, 104 S., 20 Abb.,
kart. ●

Das japanische Brettspiel Go
(2020-1) Von W. Dörholt, 104 S.,
182 Diagramme, kart. ●

Mah-Jongg
Das chinesische Glücks-, Kombinations- und
Gesellschaftsspiel. (2030-9) Von U. Eschen-
bach, 80 S., 30 s/w-Fotos, 5 zeichn., kart. ●

Backgammon
für Anfänger und Könner. (2008-2) Von G.W.
Fink und G. Fuchs, 104 S., 41 Abb., kart. ●

Das Backgammon-Handbuch
(4422-4) Von E. Heyken, M.B. Fischer, 232
S., 400 Abbildungen, Pappband. ● ● ●

Würfelspiele
für jung und alt. (2007-4) Von F. Pruss, 112
S., 21 s/w-Zeichnungen, kart. ●

Roulette richtig gespielt
Systemspiele, die Vermögen brachten
(0121-5) Von M. Jung, 96 S., zahlreiche
Tabellen, kart. ●

Gesellschaftsspiele
für drinnen und draußen. (2006-6) Von H.
Görz, 112 S., kart. ●

Spiele für Party und Familie
(2014-7) Von Rudi Carrell, 80 S., 22 Zeichnungen kart. ●

Neue Spiele für ihre Party
(2022-8) Von G. Blechner, 112 S., 54 Zeichnungen, kart. ●

Lustige Tanzspiele und Scherztänze
für Party und Feste. (0165-7) Von E. Bäulke,
80 S., 53 Abb. kart. ●

**Das Spiel mit der Schwerkraft
Jonglieren**
mit Bällen, Keulen, Ringen und Diabolo
(1009-5) Von S. Peter, 80 S., 149 Farbfotos,
kartoniert. ● ●

Magische Zaubereien
(0672-1) Von W. Widenmann, 64 S., 31
Zeichnungen, kart. ●

**Zaubertricks für Anfänger und Fortge-
schrittene**
(0282-3) Von J. Merlin, 160 S., 113 Abb.,
kart. ● ●

Zaubern
einfach – aber verblüffend. (2018-X) Von D.
Bouch, 84 S., 41 Zeichnungen, kart. ●

Scherzfragen, Drudel und Blödeleien
gesammelt von Kindern. (0506-7) Hrsg. von
W. Pröve, 80 S., 57 Zeichnungen, kart. ●

Kinderspiele
die Spaß machen. (2009-0) Von H. Müller-
Stein, 104 S., 28 Abb., kart. ●

**Kinderspiele mit Buchstaben und
Wörtern**
(1041-9) Von Dr. U. Vohland, 96 S., 53 Zeichnungen, kartoniert. ●

Spiele für Kleinkinder
(2011-2) Von D. Kellermann, 80 S., 23 Abb.,
kart. ●

Spiel und Spaß am Krankenbett
für Kinder und die ganze Familie. (2035-X)
Von H. Bücken, 96 S., 97 Zeichnungen, kart.

Spiele im Freien
(2038-4) Von G. Wagner, 88 S., 20 zweif.
Zeichnungen, kartoniert. ●

Guten Tag, Kinder!
Neue Texte mit Spielanleitungen fürs
Kasperletheater. (0861-9) Von U. Lietz, 96 S.,
18 s/w-Zeichnungen, kart. ●

Kasperletheater
Spieltexte und Spielanleitungen · Basteltips
für Theater und Puppen. (**0641**-1) Von U.
Lietz, 114 S., 4 Farbtafeln, 12 s/w-Fotos, 39
Zeichnungen, kart. ●

Kindergeburtstage, die keiner vergißt
Planung, Gestaltung, Spielvorschläge.
(**0698**-5) Von G. und G. Zimmermann, 104
S., 80 Vignetten, kart. ●

Kindergeburtstag
Vorbereitung, Spiel und Spaß. (**0287**-4) Von
Dr. I. Obrig, 136 S., 40 Abb., 11 Zeichnungen,
9 Lieder mit Noten, kart. ●

Knobeleien und Denksport
(**2019**-8) Von K. Rechberger, 142 S., 105
Zeichnungen, kart. ●

Das Super-Kreuzwort-Rätsel-Lexikon
Über 150.000 Begriffe. (**4279**-5) Von H.
Schiefelbein, 688 S., Pappband. ●●

Riesen-Kreuzwort-Rätsel-Lexikon
über 250.000 Begriffe. (**4197**-7) Von H.
Schiefelbein, 1024 S., Pappband. ●●

Computerbücher und Software

FALKEN Computer Lexikon
(**4185**-3) 312 S., 173 s/w-Fotos, Pbd. ●●

Computer-Grundwissen
Eine Einführung in Funktion und Einsatz-
möglichkeiten. (**4302**-3) Von W. Bauer, 176
Seiten, 193 Farb- und 12 s/w-Fotos, 37 Com-
putergrafiken, kart. ●● (4301) Pbd.
●●●●

Grundwissen Informationsverarbeitung
(**4314**-7) Von H. Schiro, 312 S., 59 s/w-Fotos,
133 s/w-Zeichnungen, Pappband. ●●●●●

Computergrafik
Von den Grundlagen bis zum perfekten
3 D-Programm. (**4319**-8) Von A. Brück,
296 S., 20 Farbtafeln, 180 s/w-Grafiken,
50 s/w- Zeichn., 83 Listings, Pappband.
●●●●●

Daten-Fernübertragung
Vom Akustikkoppler bis zum lokalen Netz-
werk
(**4325**-2) Von P.C. den Heijer, R. Tolsma, ca.
288 S., zahlreiche Abb., kartoniert. ●●●●●

Microsoft Excel
Tabellenkalkulationen, Geschäftsgrafik und
Datenbank im Selbststudium für alle Versionen bis 2.1. Mit Tutor-Diskette.
(**4333**-3) Von P. Vogel, M. Hofmann, 176 S.,
112 zweifarbige Abb., kartoniert. ●●●●●

Microsoft Word
Textverarbeitung, MailMerge und Desktop
Publishing im Selbststudium
Für alle Versionen bis 4.0
(**4328**-7) Von A. Görgens, 160 S., 120 Abbil-
dungen, kart. ●●●●

dBASE III PLUS dBASE IV
Der einfache Weg zur individuell program-
mierten Datenbank
Mit Tutor-Diskette
(**4326**-0) Von P. Vogel, Th. Kregeloh, M. Hofmann, 272 S., 63 Abb., kart. ●●●●●

Open Access II
Textverarbeitung, Kalkulation und Datenver-
arbeitung im Selbststudium
(**4327**-9) Von A. Görgens, 184 S., 108 Abbildungen, kart. ●●●●

Desktop Publishing
Setzen und Drucken auf dem Schreibtisch.
(**4323**-6) Von A. Görgens, 120 S., 11
s/w-Fotos, 72 Zeichnungen, kart. ●●●

Garantiert BASIC lernen mit dem C 128
Mit kompletter Kurs-Diskette
(**4321**-X) Von A. Görgens, 288 S., 4
s/w-Fotos, 83 Zeichnungen, kart. ●●●●●

WordStar Praxis professionell
Für die Versionen 3.4/3.45/4.0
Erweiterungen · Praxis-Tips · Datenaustausch
· Desktop Publishing. (**4324**-4) Von A. Gör-
gens, 172 S., 2 s/w-Fotos, 2 s/w- Zeichnun-
gen, 116 s/w-Grafiken, kart. ●●●●

**Desktop Publishing: Typographie und
Layout**
Seiten gestalten am PC. Für Einsteiger und
Profis
(**4330**-9) Von Dr. H. D. Baumann, M. Klein,
ca. 280 S., zahlreiche zweifarbige Abb.,
Pappband. ●●●●●

Einführung in Pascal
Garantiert Pascal lernen durch schrittweise
Erarbeitung
(**4329**-5) Von R. Röder, ca. 160 S., durchgehend zweifarbig, kartoniert. ●●●●

Heimcomputer-Bastelkiste
Messen, Steuern, Regeln mit C 64-, Apple II-,
MSX-, TANDY-, MC-, Atari- und Sinclair-Com-
putern. (**4309**-0) Von G.A. Karl, 256 S.,
160 Zeichnungen, kart. ●●●

Schach mit dem Computer
(**0747**-7) Von D. Frickenschmidt, 140 S.,
112 Diagramme, 29 s/w-Fotos, 5 Zeichnungen, kart. ●●

Einstellungstests
Die optimale Vorbereitung für Bewerber
(**7013**-6) Wendediskette für C 64/C 128 PC,
mit Begleitheft. ●●●●

Ego-Tests
Sich und andere besser erkennen und verstehen
(**7012**-8) Diskette für IBM PC und kompatible
(MS DOS), mit Begleitheft. ●●●●● *

Schnell und sicher zum
Führerschein
Intensivtraining mit dem amtlichen Fragenkatalog
(**7011**-X) Wendediskette für C 64/C 128 PC,
mit Begleitheft und Fragenkatalog.
(**7024**-1) für Atari ST 520/1040, mit Begleitheft.
(**7029**-2) für Amiga, mit Begleitheft
●●●●● *

Maschinenschreiben
In 10 Tagen spielend gelernt
IBM PC und Kompatible
(**7008**-X) Disk. für C 64/C 128 PC, ●●●● *

**Maschinenschreiben und Tastatur-
training für Computer**
(**7009**-8) Von B. Hoppius, Diskette 5 1/4'' u.
3 1/2'' für IBM PC + Kompatible, mit Begleitheft. ●●●●● *

Das komplette Schachprogramm
(**7006**-3) Diskette für C 64/C 128 PC, mit
Begleitheft ●●●● *

Zug um Zug Schach für jedermann 1
Offizielle Schach-Lernsoftware des
Deutschen Schachbundes zur Erringung des
Bauerndiploms
(**7015**-2) Diskette für C 64/C 128 PC mit
Begleitheft.
(**7005**-1) Diskette für Atari ST 520/1040, mit
Begleitheft. ●●●●● *

TEXAD
Text- und Adressenverwaltung
Mit Musterbriefen und Formularen für den
privaten und geschäftlichen Bereich
(**7017**-9) für IBM-PC und Kompatible, Disk.
5 1/4'', für C 64/C 128 PC mit Begleitheft bis
11. 10. 90 **DM 198.—**; S 1980,–; Fr 193.30,
danach **DM 258,–;** S 2580,–; Fr 251.70.
(**7048**-0) Diskette 3 1/2'', mit Handbuch.
●●●●● *
(**7049**-7) Demo-Version 5 1/4'', o. Handbuch. ●●
(**7050**-0) Demo-Version 3 1/2'', o. Handbuch. ●●

DOS-Tutor
DOS lernen, üben und beherrschen
(**7020**-9) Diskette 5 1/4'' für IBM PC + Kompatible, mit Begleitheft. ●●●●● *
(**7021**-7) Diskette 3 1/2'' für IBM PC + Kompatible, mit Begleitheft. ●●●●● *

Wirtschaftsrechnen in Beruf und Alltag
(**7037**-3) Diskette für IBM PC + Kompatible,
mit Begleitheft. ●●●●●

Vokabeltrainer Englisch
Über 2000 Vokabeln und Redewendungen
(**7001**-2) 2 Disk. für C 64/C 128 PC,
mit Begleitheft
(**7007**-1) Disk. für Atari ST 520/1040,
mit Begleitheft. ●●●●● *

Take a Trip to Britain
Spielend Englisch lernen mit dem Computer
(**7004**-7) Diskette für C 64/C 128 PC,
mit Begleitheft
(**7039**-X) Diskette 5 1/4'' für IBM PC + Kompatible, mit Begleitheft. ●●●●● *

The Grammar Master
(**7002**-0) für C 64/C 128 PC, mit
Begleitheft. ●●●● *
(**7030**-6) für IBM-PC + Kompatible, mit
Begleitheft. ●●●● *
(**7031**-4) für Atari ST 520/1040
mit Begleitheft. ●●●●● *
(**7032**-2) für Amiga, mit Begleitheft.
●●●●● *

Vokabeltrainer Französisch
Über 2000 Vokabeln und Redewendungen
(**7018**-7) Systemdisk. + Wendedisk. f. C 64/C
128 PC, mit Begleitheft, (**7019**-5) Disk. für
IBM-PC und Kompatible, mit Begleitheft.
●●●●● *

Bon voyage
Spielend Französisch lernen mit dem
Computer
(**7036**-5) Diskette für IBM PC + Kompatible,
mit Begleitheft. ●●●●● *

Vokabeltrainer Latein
Über 2000 Vokabeln und Redewendungen
frei erweiterbar
(**7022**-5) Von B. Hoppius, 2 Wendedisketten
für C 64/C 128 PC, mit Begleitheft.
(**7033**-0) Diskette für IBM PC + Kompatible,
mit Begleitheft. ●●●●● *

Börsenfieber
Spielend spekulieren mit Geld und Aktien
(**7016**-0) für IBM-PC und Kompatible, Diske-
kette 5 1/4'', mit Begleitheft.
(**7026**-8) für C 64/C 128 PC, mit Begleitheft,
(**7027**-6) für Atari ST 520/1040, mit Begleitheft.
(**7028**-4) für Amiga, mit Begleitheft.
●●●●● *
(**7044**-6) für IBM PC + Kompatible, Diskette
3 1/2'', mit Begleitheft.
(**7038**-1) für C 64/128 C Kassette, mit
Begleitheft. ●●●● *

Video

Kochschule mit Paul Bocuse
Der Meisterkoch verrät die Geheimnisse der
französischen Küche
(**6016**-5) VHS, 60 Min., in Farbe, mit Begleitheft. ●●●●● *

Hobby Aquarellmalen
Landschaft und Stilleben
(**6022**-X) VHS, 40 Min., in Farbe, mit Begleitheft. ●●●●

Hobby Ölmalerei
Landschaft und Stilleben
(**6025**-4) VHS, 40 Min., in Farbe, mit Begleitheft. ●●●● *

Perfekt Stricken
Neue Techniken Schritt für Schritt
(6007-6) VHS, 51 Min., in Farbe, mit
Begleitheft.●●●●˙

Hobby Salzteig
Rezepte/Techniken/Modelle
(6010-6) VHS, 35 Min., in Farbe, mit Begleitheft. ●●●˙

Basteln mit Kindern
(6041-6) VHS, 60 Min., in Farbe, mit Vorlagen in Originalgröße, mit Begleitheft. ●●●˙

Die Modelleisenbahn
Anlagenbau in Modultechnik
(6028-9) VHS, 30 Min., in Farbe. ●●●●˙

Karate
Einführung und Grundtechniken
(6037-8) VHS, 45 Min., in Farbe, mit Begleitheft. ●●●●˙

Fit und Gesund
Körpertraining und Bodybuilding zu Hause
(6013-0) VHS, 30 Min., in Farbe, mit Begleitheft. ●●●●˙

Pflanzenjournal
Blumen- und Pflanzenpflege im Jahreslauf
(6036-X) VHS, 30 Min., mit Begleitheft.
●●●●˙

Schnitt und Pflege von Bäumen und Sträu-
chern
(6050-5) VHS, 45 Min., in Farbe, mit Begleitheft. ●●●●˙

Aktfotografie
Gestaltung/Technik/Spezialeffekte
Interpretationen zu einem unerschöpflichen
Thema
(6001-7) VHS, 60 Min., in Farbe, mit Begleit-
heft. ●●●●●˙

Golf
(6053-X) VHS, 60 Min., in Farbe, mit Begleitheft. ●●●●●˙

TELE-SKI
Skigymnastik perfekt
(6052-1) VHS, 60 Min., in Farbe, mit Begleitheft. ●●●●●˙

**Internationale Deutsche Rallye-Meister-
schaft '89**
(6045-8) VHS, 60 Min., in Farbe, mit Begleitheft. ●●●●˙

Videografieren
Technik/Bildgestaltung/Schnitt/Vertonung
Filmen mit Video 8
(6031-9) VHS,
(6033-5) Beta, **(6034**-3) Video 8,
60 Min., in Farbe, mit Begleitheft. ●●●●●˙

Videografieren perfekt
Profitricks für Aufnahmetechnik und Nachbearbeitung
(6042-4) VHS, **(6043**-2) Beta, **(6044**-4)
Video 8, 60 Min., in Farbe, mit Begleitheft.
●●●●●˙

Streicheleinheiten für Körper und Seele
Körper Massage
(6051-3) VHS, 45 Min., in Farbe, mit Begleitheft. ●●●●●˙

Reiseziel **New York**
Die schönsten Sehenswürdigkeiten, präzise
Informationen, praktische Tips
(6048-3) VHS, 60 Min., in Farbe, mit Begleit-
broschüre. ●●●●●˙

Reiseziel **Kalifornien**
San Franzisko und die schönsten Ziele in
Kalifornien.
Präzise Informationen und praktische Tips
(6049-1) VHS, 60 Min., in Farbe, mit Begleit-
broschüre. ●●●●●˙

Reiseziel **Florida**
(6054-8) VHS, 60 Min., in Farbe, mit Begleitheft. ●●●●●˙

Reiseziel **USA**
(6055-6) VHS, 60 Min., in Farbe, mit Begleitheft. ●●●●●˙

Reiseziel **Irland**
(6059-9) VHS, 60 Min., in Farbe, mit Begleitheft. ●●●●●˙

Reiseziel **DDR**
(6061-0) VHS, 60 Min., in Farbe, mit Begleitheft. ●●●●●˙

Info-Tour USA
Die Highlights aus dem
FALKEN Reiseprogramm
(6060--2) VHS, 30 Min., in Farbe,
mit Begleitheft. ●

Gesund durch Gedankenenergie
Heilung im gemeinsamen Kraftfeld
(6035-1) VHS, 45 Min., in Farbe, mit Begleitheft. ●●●●˙

Körpersprache
verstehen und deuten
(6046-7) VHS, 60 Min., in Farbe, mit Begleitheft. ●●●●●˙

Das erfolgreiche Vorstellungsgespräch
(6047-5) VHS, 60 Min., in Farbe, mit Begleitheft. ●●●●●˙

Bestellschein ●

Erfüllungsort und Gerichtsstand für Vollkaufleute ist der jeweilige Sitz der
Lieferfirma. Für alle übrigen Kunden gilt dieser Gerichtsstand für das Mahn-
verfahren. Falls durch besondere Umstände Preisänderungen notwendig
werden, erfolgt Auftragserledigung zu dem bei der Lieferung gültigen Preis.

Ich bestelle hiermit aus dem Falken-Verlag GmbH, Postfach 11 20, D-6272 Niedernhausen/Ts., durch die Buchhandlung:

_____

_____ Ex. _____

_____ Ex. _____

_____ Ex. _____

_____ Ex. _____

Name: _____ Datum: _____

Straße: _____

Ort: _____ Unterschrift: _____

Die hier vorgestellten Bücher, Videokassetten und Software sind in folgende Preisgruppen unterteilt:

- ●   Preisgruppe bis   DM 10,–/S 79,–/SFr.10   ●●● Preisgruppe über DM 20,– bis DM 30,–   ●●●● Preisgruppe über DM 30,– bis DM 50,–
- ●● Preisgruppe über DM 10,– bis DM 20,–   S 161,– bis S 240,–   S 241,– bis S 400,–
      S 80,– bis S 160,–   SFr. 20,– bis SFr. 29,–   SFr. 29,– bis SFr. 48,–
      SFr. 10,– bis SFr. 20,–   ●●●●● Preisgruppe über DM 50,–/S 401,–/SFr.48,–   ˙(unverbindliche Preisempfehlung)

Die Preise entsprechen dem Status beim Druck dieses Verzeichnisses (s. Seite 1) – Änderungen, im besonderen der Preise, vorbehalten –

Falken-Verlag GmbH · Postfach 1120   D-6272 Niedernhausen/Ts. · Tel.: 0 6127/70 20